Jesús
ven a mi casa

Cuando una visita del MAESTRO
se hace indispensable

VÍCTOR A. VÁZQUEZ

EDITORIAL
OIKOS

JESÚS VEN A MI CASA:
CUANDO UNA VISITA DEL MAESTRO SE HACE INDISPENSABLE

Copyright © 2023 por Víctor A. Vázquez
Todos los derechos reservados.

Ninguna parte de esta publicación puede ser reproducida, almacenada o introducida en un sistema de recuperación, o transmitida de ninguna forma, ni por ningún medio sea electrónico, mecánico, fotocopia, grabación o cualquier otro, sin previa autorización del autor y de los editores.

A menos que se indique lo contrario, todas las citas bíblicas han sido tomadas de la Versión Reina Valera 1960, La Versión Dios Habla Hoy, La Versión Traducción Lenguaje Actual, La Nueva Traducción Viviente y La Nueva Versión Internacional. Copyright © Sociedades Bíblicas en América Latina, 1995. Usado con permiso.

Diseño y adaptación de portada: Cassandra Santiago Graphic Design
Editado por: Josué Santiago
Diagramación: Editorial Oikos Inc.
www.editorialoikos.com
editorialoikos@gmail.com

Contacto: (787) 615-4852

Correo electrónico del autor: victor4852@gmail.com

ISBN: 979-8-218-96400-9

Categoría: Religión / Vida Cristiana / Inspiración
Category: Religion / Christian life / Inspiration

DEDICATORIA

Estaba en otro proyecto literario, cuando oí la voz del Señor decirme que detuviera lo que estaba haciendo y que antes, escribiera un libro con el título *Jesús Ven a Mi Casa*. No te puedo negar, que en ese momento tuve sentimientos encontrados, pues me sentí emocionado y a la vez nervioso ante tan importante encomienda. Conozco la voz de mi amado Salvador, por lo que, en obediencia comencé a orar para que me fuese revelado lo que hemos plasmado en las páginas que tienes en tus manos. Los planes de Dios son perfectos e insondables y nadie conoce mejor que Él los tiempos difíciles que nos han tocado vivir, y cómo esto afecta adversamente a los hogares en todo el mundo. Por eso creo, que me fue encomendada esta santa y loable tarea de llevar esperanza a las familias de esta generación por medio de este libro. —Dios, te doy gracias por haber escogido a este vaso frágil de barro para cumplir tu glorioso propósito. A ti Jesús, dedico este libro, mi vida y mi familia.

—Tu hijo

CONTENIDO

Dedicatoria...	iii
Prólogo...	7
Introducción...	11

Capítulos:
1. Cuando Jesús viene a mi casa hay regocijo... 21
2. Cuando Jesús viene a mi casa el pasado queda en el pasado 33
3. Cuando Jesús viene a mi casa hay fiesta 45
4. Cuando Jesús viene a mi casa mi fe se acrecienta... 61
5. Cuando Jesús viene a mi casa su presencia me lleva a adorarle 77
6. Cuando Jesús viene a mi casa hay sanidad ... 93
7. Cuando Jesús viene a mi casa lo que esté muerto resucita 107
8. Cuando Jesús viene a mi casa hay avivamiento 119
9. ¡Y, si Jesús no llega a tiempo! 133
10. Jesús ven a mi casa 145

Notas 163

Prólogo

Cuando volvió Jesús, le recibió la multitud con gozo; porque todos le esperaban. Entonces vino un varón llamado Jairo, que era principal de la sinagoga, y postrándose a los pies de Jesús, le rogaba que entrase en su casa; porque tenía una hija única, como de doce años, que se estaba muriendo.

—Lucas 8:40-42, VRV60

SÉ QUE NO ES FRECUENTE comenzar el prólogo de una obra con una cita bíblica, al menos yo nunca lo hice. En este caso, sin embargo, me parece coherente, porque el clamor de Jairo: *Jesús, te lo ruego, ven a mi casa* (Lucas 8:41), está latente en cada página de esta obra que te dispones a leer.

El reverendo Víctor Vázquez ha comprendido que para esto que llamamos «vida», hay cosas que son buenas, luego están las importantes, y por fin las que de verdad importan. Distinguirlas, y dar a cada una el lugar que le corresponde, eso se llama sabiduría. La presencia de Jesús en nuestro hogar es algo más que bueno e importante: es lo que de verdad importa. No se trata de una opción, sino de una ineludible necesidad. Ese es el poderoso mensaje que el autor nos ofrece en «Jesús ven a mi casa».

Varias cosas me cautivan de este libro:

Este volumen puede definirse como un telegrama urgente al corazón del lector. Usa las palabras precisas y, utilizando la economía del lenguaje, convierte letras en certera munición que alcanza su objetivo. Amo a quien escribe emulando al francotirador, sin malgastar palabras y dirigiendo el cartucho a la diana. También hay quien dispara ráfagas de ametralladora, y probablemente den al objetivo, pero lo hacen malgastando letras y desperdiciando verbos y adjetivos. Víctor Vázquez usa los términos precisos, y de una manera preciosa.

Otro elemento que me seduce de este libro es el fundamento netamente bíblico donde basa su discurso. Cada capítulo nos traslada a una escena de la Biblia. Convierte las historias en episodios cercanos y nos hace bucear en los océanos de tinta que describe la Escritura. Si algo de lo escrito no te gusta, no podrás reprochárselo al autor, sino a la fuente de la que este ha bebido: la Biblia.

«Jesús, ven a mi casa», es un libro trascendente, a la vez que relevante. Toca el cielo antes de pisar la tierra, y por eso provocará cambios en ella. Me gusta cuando un libro no apunta solo al cerebro, sino sobre todo al corazón, y este es el caso.

Podría, sin gran dificultad, seguir añadiendo razones por las que te anticipo una aventura transformadora en el viaje literario que vas a emprender. Pero un prólogo no debe aspirar a más que a ser la puerta de entrada al hogar de un libro. Por eso cerraré aquí este texto, agradeciendo al autor por haberlo escrito y asegurando al lector que no saldrá de este libro del mismo tamaño, sino habiendo crecido.

Sin más, damas y caballeros, bienvenidos a un viaje apasionante: «Jesús ven a mi casa».

—José Luis Navajo

INTRODUCCIÓN

JESÚS VEN A MI CASA no es ni será un libro cualquiera, ni otro más en tu biblioteca personal. En estas páginas descubrirás cuán necesario es que en tiempos como los que estamos viviendo Dios visite nuestra casa y de paso se quede en ella como nuestro Padre bueno, para convertirla en el mejor lugar en el que podamos estar. No hay ser humano debajo del cosmos creyente o increyente que pueda vivir a expensas del Dios creador sin sufrir los golpes, frustraciones y desilusiones que la vida misma nos trae o a las que el enemigo de nuestras almas nos pueda empujar.

Sin embargo, si piensas que en tu vida todo es perfecto este libro no te ha de satisfacer. Si tu matrimonio es perfecto, si tus hijos son perfectos, si tu personalidad es perfecta, si tu mayordomía es perfecta, en general, si todo en tu vida es perfecto, este libro no provocará ningún cambio significativo en ti. Pero, si, por el contrario, al igual que yo, reconoces tu fragilidad humana, que no siempre eres exitoso en todo lo que haces, que tienes más debilidades de las que jamás pensaste, que constantemente eres tentado de una u otra forma, si entiendes que tus limitaciones te descalifican para ser el próximo super héroe de una película de Marvel este libro te será de gran utilidad.

Escribo para todos aquellos y aquellas que desean ardientemente que Jesús entre a su casa y more en ella por siempre. Y que una vez dentro la dirija, la transforme y la bendiga. Que tome el control total y absoluto de los miembros que viven bajo ese mismo techo sin ponerle condiciones. Si esto es lo que deseas, sin duda alguna podrás amar y atesorar lo que el Señor te quiere decir a través de estas páginas. ¡Bienvenido!

Uno de los versículos bíblicos más citado y predicado por toda la cristiandad se encuentra en el último libro de la Biblia: *Apocalipsis*. En este único verso se encuentra la clave para la solución a la mayoría de los problemas que afectan a la sociedad, a nuestras vidas y a la de nuestros seres queridos:

«He aquí, yo estoy a la puerta y llamo; si alguno oye mi voz y abre la puerta, entraré a él, y cenaré con él, y él conmigo» (Apocalipsis 3:20).

Con estas palabras, el autor no se está refiriendo a una casa hecha por mano de hombres, ni a una mesa y pan material, sino al corazón mismo del ser humano y al pan de La Palabra de Dios. Es ahí, en el corazón, donde se gestan nuestras emociones, sentimientos, esperanzas y todas aquellas cosas que nos dan la personalidad y el carácter que tenemos y que nos guían a nuestro destino. De la abundancia del corazón pensamos, hablamos y actuamos. De él mana la vida dice el proverbista y todo lo que es esencial para cambiar de una u otra forma el mundo en que vivimos. Y es ahí precisamente donde el Señor quiere ser invitado para hablar cual Moisés, cara a cara contigo.

EL «OIKOS» Y SUS CUATRO ACEPCIONES

El autor, quien es descrito como «el anciano» utiliza esta metáfora del corazón como una casa para resaltar lo que en su tiempo esto representaba. En el griego *Koiné* con el cual se escribe el Nuevo Testamento la palabra *casa* significa *«oikos»*. Hablar de *oikos* en la antigüedad implica al mismo tiempo, tanto el espacio como a las personas que lo habitan. No designa únicamente la vivienda como construcción sino también el conjunto de los que la habitan, es decir, los miembros de la familia del padre, incluidos los esclavos y el ganado (Génesis 7:1; 46:8-26). Además, la palabra *oikos* podría estarse refiriendo también a las tierras y a otras propiedades familiares que garantizaban la subsistencia. Todo esto era la casa.

Pero todavía hay más. De esta riqueza literaria continúa fluyendo agua de sabiduría. *Oikos* también tiene cuatro acepciones o significados adicionales para definir a una casa. Acepciones que a su vez nos llevan a pensar que dentro de estos significados también se gestan formas de vida concretas en esas casas.[1]

La primera acepción es PALACIO. Esta definición es sorprendente porque nos presenta una imagen tomada de la realeza donde el hombre o esposo es el rey, la mujer o esposa es la reina y los hijos son los príncipes y princesas de la casa. Cuando el hogar es visto de esta manera, todos reciben honra. Todos los miembros son importantes en la participación y desarrollo de las características que resaltan los valores intrínsecos que le dan identidad a toda la familia. Una familia donde Cristo mora y es el centro de todas las cosas incluyendo a cada miembro en particular es un *palacio*.

La segunda es TUMBA. Ante esta otra acepción de *oikos* no puedo negar que sentí terror con tan solo pensar que pudiera haber hogares donde la muerte pudiera ser el destino final de alguno de los miembros que la componen o en el peor de los casos, de toda la familia. Tampoco puedo dejar de pensar, que tanto en mi país como en otros países del mundo el patrón de violencia en la familia ha sido un cáncer que le ha arrebatado la vida a una infinidad de personas inocentes, y esto es una triste y lamentable realidad en nuestra sociedad posmoderna. Padres contra hijos, hijos contra padres, maltrato conyugal… En la casa, el *oikos*, que debe ser el lugar más seguro y confortante en el que se pueda pernoctar. Nunca debiera convertirse en un desierto ni mucho menos en lugar de muerte para nadie. En una casa como esta nadie gana, todos pierden.[2]

La tercera acepción es MADRIGUERA. A simple vista podría percibirse que una casa así definida es ideal para la subsistencia de la familia, pero no lo es. La casa no es una madriguera. En las madrigueras habitan los animales y los animales actúan por sus instintos. El ser humano, por su parte, actúa por la racionalidad, la que le hace capaz de construir, idear y edificar no solo cualquier estructura sino también un hogar. Aun así, no es menos cierto que en algunas ocasiones, los animales que viven en madrigueras podrían enseñarnos un poco sobre cómo vivir civilizadamente y proteger a nuestras familias.

El Armiño, por ejemplo. El Armiño es una comadreja que vive en madrigueras que construye entre la tierra y las rocas. La devoción de los armiños es mantener su pelo blanco limpio y reluciente. Debido a su hermoso pelaje, muchos quieren cazarlo y, para lograrlo, riegan barro fresco dentro y sobre la nieve que está alrededor de la madriguera. Cuando el armiño llega a la madriguera y ve el barro, se resiste a entrar, prefiriendo morir enfrentando a los perros de los cazadores, antes que ensuciar su hermoso pelaje. Para este animal: «La pureza vale más que la vida». ¡No es asombroso este ejemplo para nosotros! Nos enseña que una casa en vez de madriguera puede ser un santuario, a la que debemos mantener limpia de toda impureza y suciedad.

La cuarta acepción de *oikos* es SANTUARIO. No hay duda de que a Dios le agradaría habitar en una casa convertida en santuario. Una casa puede ser un santuario. En esta casa, los miembros invitan al Espíritu Santo para que los guíe, los inspire, los bautice y les de sabiduría para tomar buenas decisiones. Aquí se adora, se alaba y se exalta el nombre de Jesús en todo momento. Cuando los tiempos son placenteros, como cuando hay tempestades. El centro de todo: sueños, anhelos y la vida misma busca hacer la voluntad y agradar al Dios creador. En esta casa, Dios es el dueño, todo le pertenece y aunque no sea una familia perfecta puede llegar a ser una familia feliz, bendecida y próspera porque esos son los pensamientos de Dios acerca de sus hijos e hijas: […] *planes de bien y no de mal, para darles un futuro y una esperanza* (Jeremías 29:11). En efecto, nuestras casas y nuestros hogares son santuarios de la gloria de Dios y ese es el mayor tesoro que ser humano alguno pueda poseer.[3]

EL «OIKOS» EN EL MINISTERIO DE JESÚS

Al examinar la vida de Jesús se descubre, que la casa como lugar de comunión (gr. «Koinonía») y como grupo familiar fue uno de los espacios privilegiados tanto de la actuación de Jesús como de sus seguidores más inmediatos (Véase Marcos 1:29; 2:15; 3:20; 5:38; 7:24). Parece claro que la opción por la casa no fue una necesidad del desplazamiento posterior del campo a la ciudad, sino que se remonta al movimiento de Jesús, es decir, al proyecto impulsado por Jesús y sus seguidores más cercanos para promover un cambio radical dentro del judaísmo y por consiguiente en el cristianismo naciente.

Se desprende que la casa no fue un espacio elegido por Jesús por su valor en sí mismo, sino, por las posibilidades que tenía para la realización de lo que es realmente absoluto: el Reino de Dios.

El centro del mensaje de Jesús, estrictamente hablando, no fue Dios en sí mismo; tampoco Él. Jesús no se dedicó a hablar, menos a especular sobre Dios o sobre sus cualidades. Jesús centró todo, no en Dios a secas, sino en el Reino de Dios. No se discute que Jesús habló de Dios como Padre; sin embargo, para Jesús incluso «Dios» es visto en una totalidad más amplia: «el Reino de Dios». Esto significa que lo central, en el mensaje de Jesús, fue sus mediaciones en las que los seres humanos pueden encontrarlo y a su vez dejarse encontrar por Él. En otras palabras, al hablar del Reino de Dios Jesús quería dejar claro *dónde* y *cómo* se puede encontrar a Dios. Y es que el problema real no es si se tienen o no ideas claras sobre Dios sino *dónde* realmente está Dios y *cómo* ese Dios quiere que el ser humano se relacione con Él.[4]

Sin ser esta la intención de Jesús, Su interés por las familias y sus visitas a los hogares de los que le invitaban y donde era bienvenido crearon las bases para el nacimiento luego de la religión doméstica o sea la Iglesia (gr. «Ekklesia»). Jesús predicó el Reino y nació la Iglesia. Y desde ahí, hasta nuestros días el Reino de Dios se sigue anunciando en millones de hogares y por todo el mundo.

¿QUÉ SUCEDÍA EN LAS CASAS QUE JESÚS VISITABA?

En las casas a las que Jesús llegaba, sucedían cosas extraordinarias. Juan al que llamarían el bautista salta de alegría en el vientre de su madre Elisabet a la que llamaban estéril, tras esta recibir la visita de su prima María y a Jesús quien al igual que el bautista se desarrollaba en su vientre; iniciando así el cumplimiento del mayor de todos los acontecimientos proféticos: ser el que prepararía el camino anunciando la llegada del Mesías de Dios.

Pecadores y publicanos como Zaqueo y Mateo reemplazan el amor al dinero por el amor a Dios y a su prójimo. Renuncian a sus riquezas mal habidas para seguir a Jesús y restituir aquello en lo que hubiesen defraudado al prójimo. Enfermos como la suegra de Pedro quien débil, febril y estando postrada en cama, es sanada por Jesús y se levanta gozosa para servirle con alegría de corazón. O niñas como la hija de Jairo, quien tras la urgente solicitud de éste para que Jesús fuera a su casa y orara por su hija enferma y que fallece mientras iban de camino a su casa, pero que al llegar Jesús la muerte es reprendida y la niña es resucitada.

Inconversos como el noble de Capernaum quien, tras enterarse que Jesús había llegado a Caná de Galilea, vino a Él con fe desde Capernaum y le rogó que descendiese a su casa y sanara a su hijo, que estaba febril y a punto de morir. Milagro, que le fue concedido desde la distancia luego de que

Jesús le dijera: «Vuelve a tu casa, tu hijo vive», y que, tras concretarse el milagro, creyó él con toda su casa.

Desesperanzados como la pareja de Emaús, quienes, al reconocerle luego de partir el pan en la mesa de su casa, se olvidan de su extenúe y falta de entendimiento y fe, y salen despavoridos llenos de gozo para comunicarle al resto de los discípulos su encuentro con el Cristo resucitado y cómo le habían reconocido al partir el pan. Lo mismo sucedió posteriormente con la casa de Cornelio, con la casa del carcelero de Filipos y mi oración es que también ocurra con la casa de todos los que ardientemente desean en su corazón que Jesús les visite.

Te invito a que juntos descubramos que la casa es más que ladrillos, madera o cemento. Que más que el lugar donde cohabitan las familias, el deseo de Jesús es entrar en el corazón de cada uno de los que la habitan. Ese es el lugar, la casa en la que Jesús quiere morar y a la que todos y todas debemos invitarle si queremos recibir las riquezas que Su presencia imparte. No para que entre, coma, platique y luego de un breve lapso de tiempo se vaya, sino, para que como nuestro Padre Bueno que es, more perpetuamente con nosotros y en nosotros, durante los días de nuestra existencia humana en esta tierra, así como en la eternidad, en *la casa celestial* que Jesús fue a preparar para todos sus hijos e hijas (Juan 14:2).

Invita a Jesús a tu casa y permítele que la limpie, la sane, la restaure, la resucite, la libere y la santifique. No hay nada que le interese más a Él que eso. Tal vez te avergüenza que el Señor vea lo que hay dentro de tu casa, mas no te preocupes, ya Él lo sabe todo y aun así sigue insistentemente tocando a tu puerta para cenar contigo y tú con Él. ¡Será una velada maravillosa! Vamos, prepara la mesa, corre la clavija, abre la puerta e invítalo a entrar. Él sabe perfectamente lo que necesitas y te aseguro que lo ha de suplir conforme a sus riquezas en gloria.

He orado para que todo el que lea este libro sea bendecido en gran manera. Que con: *Jesús ven a mi casa* tu fe se acreciente y se fortalezca y que tu casa se llene de paz, gozo, fe, amor y de la presencia de un Espíritu vivificante. Que vengan de la presencia del Señor tiempos de refrigerio para ti y toda tu familia. ¡Amén!

CAPÍTULO [1]

CUANDO JESÚS VIENE A MI CASA HAY REGOCIJO

(La historia de una mujer a la que llamaban estéril)

Y sucedió que, al oír Elisabet el saludo de María, el niño que llevaba en su vientre saltó de alegría.

—Lucas 1:41, TLA

¿TE IMAGINAS ALGO MÁS SORPRENDENTE que una joven virgen con poco más de doce años que no ha conocido varón y a una anciana de más de setenta años anunciando que están embarazadas? ¿Qué pronto abrazarán a un hijo, y no cualquier hijo, sino, uno engendrado por el favor y la gracia del Espíritu Santo y no como por naturaleza ocurre? ¡Increíble verdad! Pues, precisamente, eso fue lo que ocurrió en la vida de María y Elisabet, dos mujeres que humanamente hablando era imposible que pudiesen soñar siquiera con el don que les había sido otorgado.

Podríamos entender claramente que María por ser joven engendraría más hijos una vez se uniera a José el hijo de Elí con quien se había comprometido en matrimonio y así ocurrió, pero, qué me dices de Elisabet. Elisabet era una mujer virtuosa, temerosa de Dios y de una fe inquebrantable. Esta mujer, había tratado desde su juventud todos los métodos posibles para quedar embarazada de su esposo Zacarías sin obtener resultado alguno. Aunque pertenecía a la estirpe del sumo sacerdote Aaron, y al igual que su esposo —que era sacerdote— eran personas santas, consagradas y justas delante de Dios, no era de dudar que por su avanzada edad ya se había resignado a aceptar su esterilidad y a soportar los insultos y el rechazo de la gente que la consideraba abandonada, maldecida por Dios. Sin duda, Elisabet escuchaba todos los días a su esposo orar incesantemente a Dios sin recibir respuesta alguna. Al parecer, la suerte ya estaba echada y Elisabet pasaría a la historia como una mujer a la que la vida le dio la espalda, una total desconocida.

Por esta causa, Elisabet ya no soñaba con algún día tejer una ropita, un gorrito y unos calcetines para su prole ni mucho menos con pintar la habitación del niño o niña color azul o rosa como se acostumbra a hacer en nuestros días. A Elisabet ya nada la ilusionaba. Me la imagino saliendo al patio de su casa y pararse en una esquina donde nadie la pudiera ver, tan solo para observar a las niñas de su aldea jugar con sus muñecas de trapo y a los niños jugar con un palo largo el que ponían entre sus piernas y hacían ver como si fuera un bello corcel al que montaban con mucho orgullo.

Ante su situación existencial, la pienso mirando su reflejo en el espejo o en el agua y observar las marcas que los años le van dejando en su rostro, sintiendo como la flor de la juventud se ha marchado y no volverá; sintiendo como las hojas blancas en su cabellera siguen cayendo y hasta el viento ha dejado de acariciar sus mejillas como lo hacía antes.

En el balcón de su casa se encuentra la vieja mecedora de mimbre que le regaló su esposo. Cada tarde, Elisabeth ve partir el sol signo de que otro día ha pasado y viene la noche cuando todas las familias se preparan para descansar. En ocasiones, se escuchan las conversaciones de las mujeres jóvenes que hablan sobre sus pasadías en las laderas y ríos de Galilea, y sobre las travesuras de sus pequeños renuevos. Estas conversaciones, en vez de traerle alegría, la hacían llorar hasta largas horas de la noche, momento que utilizaba para desahogarse ante su Dios preguntándole por qué la había desamparado. Que la muerte era preferible antes que seguir viviendo tamaña vergüenza. Que el tiempo se acaba y la felicidad como una dama extraña, continúa pasando de largo visitando a todas las mujeres menos a ella.

No se puede negar, que Isabel era hija de una cultura patriarcal. Y por ser israelita y mujer tenía que soportar la carga y la estigmatización que conllevaba ser estéril en contraste con la fertilidad que era considerada como una bendición del cielo (Salmo 127:3-5; 128:1-4). Ante esta insoportable situación, como un hálito de esperanza, vemos como significativamente, las grandes mujeres de la Biblia, madres de antepasados célebres, también eran estériles: Sara (Génesis 11:30), Rebeca (25:21), Raquel (29:31) y Ana (1 Samuel 2:1-11) y todas recibieron el milagro de la concepción por providencia divina.

Injustamente, pero con demasiada frecuencia, a la mujer estéril se le evitaba, se le miraba con desprecio como Penina miraba a Ana y como Agar miraba a Sara. Sin embargo, para muchas de estas esposas dolientes los días lúgubres y las noches de insomnio se veían iluminadas a veces por la esperanza de que la situación pudiese cambiar. Pero, para Elisabet, esa chispa de esperanza iba apagándose. Al fin se había extinguido completamente, puesto que ahora ambos, tanto ella como su esposo eran «avanzados en años».

Si hasta este punto, dejara de contarte esta historia, de seguro pensarías que la vida de Elisabet fue una tormentosa e injusta. Qué, cómo es posible que una mujer tan santa y fiel permaneciera creyendo en un Dios que parece haberla abandonado a su suerte en el valle de lágrimas y del dolor. No te juzgo si así pensaras, tal vez yo pensaría igual. Pero, permíteme pasar la página y continuar con esta fascinante historia.

La vida de Elizabet continuaba como de costumbre, nada había cambiado hasta que un día sucedió algo inesperado, pero sorprendente. Un día que le cambiaría la vida para siempre. Esa mañana, cuando el sol naciente hacia su majestuosa entrada ataviado de resplandor ya Elisabet se había levantado, había orado y recitado uno de los salmos. Ese día no le preparó el desayuno a su amado pues él había sido seleccionado para servir como sumo sacerdote con la responsabilidad de quemar el incienso aromático e interceder por los pecados del pueblo y por los suyos propios.

Ayuda a su esposo a colocarse las vestiduras sacerdotales que con mucho esmero ella le había arreglado la noche antes, lo despide con un abrazo y un beso en la mejilla y con mucho amor lo bendice con las palabras sacerdotales que su mismo esposo utilizaba cuando bendecía al pueblo: «Que el Señor te bendiga y te proteja; que el Señor te mire con agrado y te muestre su bondad; que el Señor te mire con amor y te conceda la paz» (Números 6:24-26).

Ni Zacarías ni Elisabet sabían que ese día mientras quemara el incienso fragante que simboliza las oraciones de los santos un ángel se le presentaría para anunciarle que su oración había sido escuchada y que su esposa Elisabet concebiría un niño al que debían llamar Juan que significa «Dios se ha apiadado». Y, verdaderamente Dios se había apiadado de esta ilustre pareja al concederles tan grande don cuando revestidos de toda imposibilidad fueron visitados por el Dios altísimo (Véase Lucas 2:5ss).

Este niño fue nada más y nada menos que Juan el Bautista el precursor del Mesías, del Cristo glorioso. A quien el Espíritu Santo bautizaría desde el vientre de su madre y quien desencadenará una *alegría escatológica* y un júbilo de salvación. No sólo los padres se alegrarán, sino también muchos, la gran multitud de las comunidades creyentes. Juan tendría una misión en la historia de la salud. Cierra el tiempo de las promesas y anuncia el nuevo tiempo de la salvación, que aporta júbilo y gozo.[5]

Tras recuperarse de la impresión y el impacto de haber sido visitado por un ángel fuerte, santo, con un resplandor deslumbrante que lo impregnó de temor como les había ocurrido a otros que como él habían tenido la misma experiencia (véase Jueces 6:22; 13:22; Daniel 10:5-9; Lucas 1:29; 2:9; Hechos 10:4; ver también Isaías 6:1-5), le toca ahora comunicarle a su esposa Elisabet la gran noticia. Con su cuerpo todo tembloroso, sus ojos hinchados y por no poder hablar le escribe en un pergamino manchado con lágrimas todo lo ocurrido. Al recibir la noticia, Elisabet casi desfallece por la gran sorpresa que ha recibido y terminan ella y su esposo abrazados de rodillas alabando al Señor por haberse acordado de ellos e impartirles Su misericordia.

ELISABET SE OCULTA DURANTE CINCO MESES

Cualquiera pensaría que al siguiente día de haber recibido la grandiosa noticia Elisabet haría una gran fiesta e invitaría a sus amigas/os más íntimos, para, en medio de la fiesta darles la gran noticia del milagro de su embarazo. Pero, esto no fue lo que ocurrió. Tras concebir, Elisabet se mantuvo *oculta durante cinco meses*. Nadie tenía noticias de su estado. Parecería que no estaba disfrutando su milagro.

Esto podría parecer inverosímil y hasta paradójico para muchos, pues en vez de organizar una gran fiesta y compartir con regocijo la noticia de que Dios se había apiadado de ella y contestado la oración de su esposo Zacarías, y por supuesto la suya propia, decida encerrarse en su casa por espacio de cinco meses. Sin embargo, tras analizar la acción de Elizabet la comprendo y me identifico con ella. ¿Qué crees que ocurría cuando la gente que acostumbraba a burlarse de ella por ser una mujer estéril y la evitaban por considerarla maldita y abandonada por Dios se enterara que una anciana de más de 70 años había quedado embarazada de un esposo anciano de más de 80 años? Ese, precisamente era el temor de esta humilde mujer, volver a experimentar las mismas humillaciones de las que fue objeto durante todos los años que vivió siendo estéril. ¡Que cruel es la gente en ocasiones! Se creen mejores que los demás y desafortunadamente buscan defectos en los que los rodean en lugar de reconocer los suyos propios.

No dejo de sorprenderme cada vez que veo el amor de Dios manifestado en aquellos/as que sufren. Dudo mucho que Elisabet haya podido superar sus miedos y temores por cuenta propia sin el favor de Dios. Y es precisamente ahí, cuando estamos descompuestos y sin fuerzas para seguir viviendo que Dios se acerca, recoge del suelo los pedazos y nos imparte vida. ¡Vivirán esos huesos!

EL GRANDIOSO PLAN DE DIOS

Dios notó la tristeza que todavía embargaba el corazón de Su querida hija y decide hacer algo para remediarlo. Cuando Elizabet tenía ya seis meses de embarazo, Dios llama a su querido Arcángel Gabriel y lo comisiona no a otra, sino a la más grande tarea jamás realizada por un ser celeste. Lo envía no a la casa de Elisabet en la zona montañosa de Judea sino a la casa de una parienta suya muy amada en Nazaret de Galilea; a la casa de María, la joven doncella que recién se había desposado con José el hijo de Elí.

Allí, tras la anunciación del ángel de la prodigiosa concepción del Mesías, María fue remitida a Elisabet por el mensajero de Dios: «Ya está en el sexto mes la que llamaban estéril», no solo para que María pudiera entender que para Dios no hay nada imposible, sino también, porque Elisabet necesitaba a alguien que la animara, la valorara y la estimulara a seguir adelante hasta ver el cumplimiento del propósito Divino en su vida, su matrimonio y ahora en su familia agrandada. Sin duda, la visita de María le hará mucho bien. ¡Oh, cuantas mujeres necesitan ser visitadas por alguien que en el nombre del Señor les levante los brazos y las motive a seguir luchando hasta alcanzar cada uno de sus sueños!

JESÚS VISITA A JUAN EL BAUTISTA

Después de esta noticia que le cambiaría la vida para siempre y por la cual sería reconocida como bienaventurada entre todas las mujeres, la joven María quien tiene una fuerza interior y una fe explosiva hace los arreglos para realizar el viaje de tres días y más de 150 kilómetros de distancia para visitar a su apreciada prima. Pudo haberse quedado en casa y concentrarse en lo que ocurría en el interior de ella misma, pero no lo hizo. Con esta acción, María ha dado comienzo a la historia de la salvación Mesiánica, en su misión de pasar de una ciudad a otra. Judea, la patria del Bautista que será más tarde el escenario de la pasión de Jesús (ver Lucas 9:51; 13:22; etc.) queda situada, narrativa y teológicamente, frente a Galilea, lugar del origen de Jesús.

María mostró interés por los demás, diligencia y presteza, si tenemos en cuenta que era un viaje muy largo. La noticia del ángel sobre la similar experiencia de Elizabet hubo de influir también de un modo decisivo en esta determinación de María de ir prestamente a visitar a su prima. Gran beneficio es para los creyentes visitarse mutuamente para hablar de las cosas del Señor y sentir, de una manera especial, la presencia del Señor entre ellos (Mateo 18:20).

El encuentro entre María y Elisabet, resulta en dos hechos asombrosos:

1) *En cuanto oyó Elisabet el saludo de María, el niño saltó de alegría dentro de ella.* Como se puede apreciar, el

encuentro de estas dos hijas de Dios no fue casual ni tampoco ordinario. Mediante la visitación, se enlaza la tradición de Juan Bautista con la de Jesús. Queda preparada ya esta escena en la perícopa precedente, donde la gestación de Elisabet se le da como signo a María. Este reconocimiento mutuo de su maternidad confiere a cada una ellas una dignidad mayor. Es María la que visita a Elisabet, quien hace recaer la atención sobre la madre del Bautista y definitivamente sobre el niño en su vientre.

Tras el saludo, sucede algo inesperado. Al sentir la llegada de Jesús a su casa y tras el saludo de María su madre, la criatura saltó de alegría en el vientre de Elisabet. Nadie mejor que una madre para entender lo que sucede con el ser que crece en su seno. Con ese movimiento de regocijo, se da por sentado, que Juan comienza a realizar su obra de profeta y precursor de Aquél que, aunque en embrión, se hallaba delante de él. (ver Apocalipsis 19:10). Esto nos demuestra, que tanto el ministerio de Jesús como el de Juan no comienzan cuando se acercaban a los 30 año de edad, sino desde el vientre de sus respectivas madres. ¡Sorprendente!

2) *Elisabet fue llena del Espíritu Santo.* Este dato es crucial, como indicación de que sus comentarios y emociones están dirigidos por Dios. Por eso, bajo la inspiración del mismo Espíritu le dice a María: «¿Quién soy yo, para que venga a visitarme la madre de mi Señor?», noticia que todavía María no le había contado. Y a la vez, le imparte a María unas palabras que le afirmaría su fe en lo que el Señor le había otorgado: ¡Dichosa tú por haber creído que han de cumplirse las cosas que el Señor te ha dicho! Queda demostrado, que los que son guiados por el Espíritu nunca se engrandecen a

sí mismos, sino que engrandecen a los demás y, por consiguiente, Dios los engrandece a ellos/as.

Notemos que Elisabet era esposa de un sacerdote y entrada en años, pero no tiene celos de que su prima, mucho más joven que ella, tenga el gran honor de concebir en su virginidad y ser la madre del Mesías. Más aún, ella se regocija en que su prima tenga tal honor, aun cuando el suyo propio sea menor. Esto nos enseña, no sólo a reconocer que Dios nos concede favores que no merecemos, sino también a regocijarnos de que otros sean agraciados por Dios con mayores favores que nosotros.

La fidelidad de Dios es la bienaventuranza de la fe de los santos y los sencillos de corazón. Quienes han experimentado en sí mismo el cumplimiento de las promesas de Dios deben animar a otros a esperar que Dios será fiel a Su palabra también con relación a ellos.

De esta piadosa mujer aprendemos, que los días de esperanza y expectación junto con los días de sufrimiento y humillación se llenan con oración. Dando gracias a Dios por las cosas que aún no hemos recibido pero que confiamos que en Su preciosa voluntad Dios nos las concederá. *Así lo ha hecho el Señor conmigo* fueron las palabras de Elisabet, recordando que las promesas de Dios son fieles y verdaderas.

Tras despedirse de María, quien ese día también fue llena del Espíritu Santo y que gozosa proclamó el *Magníficat*, un himno de exaltación al Dios de Israel, Elisabet decide salir de su encierro. Las conversaciones con la madre de su Señor y Salvador la habían inspirado y vivificado al punto de que ahora al clarear el día abre las ventanas, corre las cortinas, saca el polvo y adorna la mesa de su casa con hermosas flores silvestres color rosas, amarillas y azules. La tristeza había desaparecido ya nada la podría ofender, el gozo del Señor le ha dado fortaleza. Todo se ve diferente para Elisabet. No puede parar de reírse. Ahora escucha a las aves cantar, siente las caricias del viento, observa las flores del campo, disfruta tanto los días soleados como los de lluvia, se imagina a su niño jugando con los otros niños en la plaza de la aldea, y a ella danzando de alegría delante de todo el pueblo.

Llega la tarde y Elisabet se sienta junto a su esposo Zacarías en al balcón de su casa. Al verlos, la gente que antes le gritaba improperios y la rechazaban ahora se aproxima con una actitud diferente. Todos la exaltan, la abrazan, le piden que los perdone, lloran de alegría y le ofrecen dones. Las palabras del salmista se han cumplido: «Él hace habitar en familia a la estéril, feliz de ser madre de hijos» (Salmo 113:9).

Cuando Jesús viene a mi casa hay regocijo. De seguro, este sería el estribillo de Elisabet por el resto de su vida.

Capítulo [2]

CUANDO JESÚS VIENE A MI CASA EL PASADO QUEDA EN EL PASADO

(La historia de un hombre despreciable)

Cuando Jesús llegó a aquel lugar, mirando hacia arriba, le vio, y le dijo: Zaqueo, date prisa, desciende, porque hoy es necesario que pose yo en tu casa.

—Lucas 19:5, VRV60

EL HOMBRE ERA UNO MUY FAMOSO en su tiempo. Tenía riquezas con las que podía adquirir todo lo que deseara. Desde casas lujosas en lugares privilegiados, hasta grandes barcos para surcar los mares e ir a donde se le antojara. Se codeaba con amistades acomodadas, terratenientes, gobernantes y gente de influencia. Amado por unos, odiado por otros. Este hombre representa la contraparte de un ciudadano hebreo ejemplar. Su fama no provenía de sus acciones filantrópicas, ni por donar millones de dólares a organizaciones benéficas. Tampoco por sus capacidades atléticas, su gran erudición o por haber escrito un *Best Sellers*. Su talento no tenía que ver con nada de eso. Mas bien, tenía que ver con las matemáticas. Aunque para algunos los números de este hombre nunca cuadraban, en cambio para él no existía ningún problema, pues siempre les favorecían. Esto, me recuerda a mi tío Erick. Todos los años, en primavera mi tío Erick me llevaba a buscar fresas silvestres en la ribera de un río cercano a nuestro hogar. Cuando regresábamos y había que dividir el botín de las jugosas fresas que habíamos recogido, mi tío sagazmente lo hacía así: —Uno para ti, y dos para mí. Dos para ti y tres para mí... Como niño al fin, pensé que mi tío contaba muy bien, mas cuando comprendí mejor su manera de llevar la contabilidad me percaté de que mi tío me había estado «engatusando». Aunque mi ejemplo es un tanto gracioso y no representó una perdida significativa ya que las fresas continuarían creciendo y podía ir por más cuando quisiera, lo cierto es que para los conciudadanos del hombre de nuestra historia la situación no era para nada graciosa y su valor era incalculable. De esta forma precisamente, es desde donde este hombre había adquirido su fama. Por años, había utilizado un método poco ortodoxo, nada culto, ni ético o moralmente correcto. La estafa era su mayor cualidad, su encuentro con Jesús su mayor bendición. Veamos su historia.

Su historia se sitúa al final del viaje de Galilea a Jerusalén, en una sección que muy bien podríamos titular «El Evangelio de los excluidos» (Lucas 9:51-19:27). En esta historia se entrelazan una multiplicidad de temas: el viaje, la riqueza, el deseo de ver, la inversión de valores, el encuentro, el hoy de la salvación, la identidad y la misión de Jesús.

Su oficio, cobrador de impuestos o publicano al servicio del imperio romano, y no cualquier publicano, sino el jefe de todos ellos. Su nombre era *Zaqueo*, nombre que se deriva de Zacarías y significa «Dios se ha acordado». Este hombre tiene arrendados los impuestos de la aduana y del mercado de *Jericó* su ciudad natal; impuestos que recauda por medio de ayudantes, y que lo habían convertido en una persona prominente y acaudalada.

Antes de continuar hablando sobre este insigne cobrador de impuestos quisiera que conocieras algunos detalles sobre la prominente ciudad de Jericó del tiempo de Jesús.

JERICÓ, «EL PEQUEÑO PARAÍSO»

Jericó, también llamada «La Ciudad de las Palmeras», era una ciudad de un clima delicioso, muy importante y rica. Estaba en el corazón y centro de una vasta red de rutas comerciales. La ciudad tenía relaciones comerciales con Damasco, Tiro, y Sidón hacia el norte, Cesarea y Jope hacia el occidente y Egipto hacia el sur, al igual que con muchas otras ciudades y países en todas direcciones. Tenía un gran palmeral y bosques de balsameras mundialmente famosos que perfumaban el aire varios kilómetros a la redonda.

Josefo, un historiador del primer siglo la llamaba el bálsamo: «la cosa más preciosa que hay» (*Antigüedades* XV. 96). Sus jardines de rosas también eran célebres. Los romanos comercializaron e hicieron famosos sus dátiles y el bálsamo con el que preparaban un ungüento fragante, aliviador y altamente apreciado por sus cualidades curativas. Herodes el Grande y su hijo Arquelao la habían hecho aún más hermosa, un «pequeño paraíso». Allí habían edificado un gran palacio invernal, un teatro y también un hipódromo. Algunas de las calles estaban bordeadas por sicómoros (higomora) lo que la hacía ver aún más llamativa. Todo eso, convirtió a Jericó en uno de los principales centros de impuestos de Palestina y por ende para el gobierno romano. Oportunidad que los publicanos aprovechaban muy bien para conseguir buenos recaudos.[6]

Dentro de este bullicioso contexto es que se encuentra nuestro personaje. Un hombre que había llegado a la cima de su profesión, característica por la que irónicamente no sería el hombre más amado y admirado, sino el hombre más odiado de todo el distrito.

¿CÓMO ERAN VISTOS LOS PUBLICANOS?

Los publicanos eran considerados como personas despreciables, pues tenían fama de enriquecerse a costa de su propio pueblo, cobrando impuestos y colaborando con los ocupantes romanos. Por eso, sus compueblanos judíos los odiaban a muerte. Los consideraban como «pecadores» sin remedio y sin posibilidad de salvación. Jesús, sin embargo, los veía con otros ojos. Para Jesús, los publicanos representaban a «las ovejas perdidas de Israel». Ovejas a las que era necesario buscar y luego de rescatadas colocarla sobre sus hombros y celebrar con regocijo el haberla hallado. Por eso, le vemos llamando a Mateo (Leví) —quien estaba sentado al banco de los tributos públicos— para que le siguiera e incluirlo en su selecto grupo de los doce apóstoles (Mateo 9:9). Lo escuchamos exaltándolos en sus parábolas como aquellos que en su indignación se acercan a Dios cabizbajos, humillados y golpeándose el pecho en señal del arrepentimiento necesario para alcanzar el perdón y la misericordia del Creador (Lucas 18:10-14). Permitiendo que se le acerquen y comiendo con ellos en mesas que para muchos eran escandalosas, llenas de toda clase de «pecadores» a los que sana de manera integral y les acerca al Reino sacándolos del lugar de marginación donde habían sido colocado por los religiosos de su época (Lucas 5:27-29; 15:1).

JESÚS PASA POR JERICÓ

Un día, en medio de este panorama de una ciudad próspera y de unos publicanos que se aprovechan de sus privilegios llega la noticia de que Jesús venía de camino a Jericó. Al llegar Jesús, la tranquilidad y el sosiego de la ciudad habían finalizado, ahora el ambiente es de fiesta y algarabía. De alguna forma, Zaqueo se enteró que un tal Jesús, hacedor de milagros pasaría por donde él se encontraba. Por lo que su curiosidad se activó de inmediato y dijo dentro de sí «siento que tengo que ver a ese tal Jesús, pero qué puedo hacer, soy muy pequeño y la gente me impide la visibilidad». Como muchos de los que se habían acercado a Jesús y tuvieron que superar el obstáculo de la multitud que le acompañaba, así también el jefe de publícanos. El ciego grita, la hemorroisa se acerca y el publicano se trepa a un árbol (sicómoro), que tiene sus ramas extendidas.

Jesús sigue caminando, la multitud lo oprime, todos quieren ver otra señal, otro de sus sorprendentes milagros, pero Zaqueo no; él solo quería ver quién era ese tal Jesús del que todos hablan, quién es ese taumaturgo que causa tanto furor en cada lugar que visita; sin ninguna otra pretensión. Por lo que no se cuida de su dignidad ni teme el ridículo de su parapeto ni las miradas sarcásticas y hostiles de los que lo conocen. Entrar en contacto con Jesús le importa más que ninguna otra cosa. Allí está, sin haberlo planificado consiguió un asiento en primera fila para ver el espectáculo que se avecinaba, solo le faltaban las palomitas de maíz y una gaseosa bien fría. Dentro de este frondoso árbol puede ver a todo el mundo, pero nadie lo podía ver a él, y eso precisamente era lo que él buscaba. Quería pasar desapercibido. La frondosa arboleada le ayuda a completar su cometido, pero eso no fue suficiente como para no ser visto por Jesús.

Jesús lo ve, así como vio a Natanael cuando estaba sentado debajo de una higuera (Juan 1:47). Por eso, detiene su marcha, mira hacia arriba y le dice: «Zaqueo, baja en seguida, porque hoy tengo que quedarme en tu casa». Esto implica que había en el corazón del Maestro un impulso interno por ir a la casa de Zaqueo. Y este apremio fue inspirado y motivado por el intenso deseo de Zaqueo de ver a Jesús. ¡Que gloriosa sensación es sabernos vistos por los preciosos ojos de nuestro Señor!

Jericó era una de las ciudades de los sacerdotes, pero Jesús escogió la casa del jefe de los publícanos para comer y descansar en lugar de la casa de uno de los sacerdotes. Jesús sabía que debía elegir al hombre más digno de su presencia para ser su hospedador, pero ¿quién se imaginaría que Él escogería a Zaqueo? Y, qué gran sorpresa se llevó Zaqueo. Me parece ver un océano de interrogantes en su mente: ¿cómo me vio si yo me había ocultado precisamente para eso, para que nadie me viera? ¿Cómo sabe mi nombre si es la primera vez que me ve? ¿Por qué me manda a bajar si este árbol...? ¿Por qué me dice que quiere quedarse en mi casa hoy? Y, las más sorprendente de todas: ¿Por qué siento que debo hacer todo lo que me pide? Y ¿Por qué mi corazón arde dentro de mi cuando Él me habla? Preguntas y más preguntas surcan por la mente de este pequeño gigante que han de ser contestadas cuando Jesús entre en su casa. Sin saberlo, se cumple en Zaqueo lo que este nombre significa; *Dios se acuerda de mí* y en este instante va camino a su casa.

JESÚS EN LA CASA DEL MÁS ODIADO

No había nadie más necesitado de una visita de Jesús que Zaqueo, ni tampoco nadie más indigno que él. A este hombre todos lo odiaban. La gente lo evitaba en el camino, en las conversaciones y en las reuniones comunitarias. Para las fiestas judías y sus banquetes todos eran invitados, pero Zaqueo y su familia no. Podía ir por su cuenta, pero eso implicaba que algunos murmuraran: «por ahí viene ese ladrón y pecador; le debería dar vergüenza ser tan pequeño y tan mañoso» y muchos otros epítetos. Por eso lo escogió Jesús. Porque nadie más que él, necesitaba que Jesús entrara a su casa. ¡Que alegría para esta familia, el Mesías vino a visitarlos!

Ningún religioso lo había visitado antes. Nadie se había preocupado por él ni por su familia, pero cuando Jesús entra a su casa se desata un mar de murmuraciones y críticas hacia Jesús. La multitud casi unánimemente debe haber desaprobado la elección de Jesús. Ellos sentían que su acción era una afrenta a los sacerdotes y a otros líderes religiosos cuyos hogares y cuyas personas Él había pasado por alto. Dos cosas les impedían ver el verdadero motivo de Jesús; una era su exclusivismo ciego que no les consentía ver nada bueno en un publicano. La otra era su incapacidad para comprender cómo Jesús podía asociarse con los pecadores sin contaminarse.

Jesús no hace caso de las críticas y se sienta a compartir la mesa con Zaqueo y los suyos. En ningún momento Jesús le reclamó a Zaqueo por sus pecados ni le exigió arrepentimiento alguno. Sin embargo, la sola presencia de Jesús en la casa de este pequeño hombre fue suficiente para provocar en él un giro de 180 grados que lo condujo a una dirección completamente nueva en su vida. Por eso, decide darles a los pobres la mitad de todo lo que tenía; y la otra mitad no se la reservó para sí mismo, sino para hacer restitución cuadruplicada de los fraudes que hubiera cometido. En esto de la restitución fue mucho más allá de lo que mandaba la ley (vea Éxodo 22:1, 4 y 7; Levítico 6:5; Números 5:7) mostrando así que la visita de Jesús a su casa lo había cambiado radicalmente haciendo de él un hombre nuevo.

CONTRASTE ENTRE ZAQUEO Y EL JOVEN RICO

Al ver la respuesta de Zaqueo luego de su encuentro con Jesús, observo un gran contraste entre éste y otro rico, el que se alejó entristecido (Lucas 18:1-25). Uno llegó por cuenta propia y confiado al otro lo mandan a abajar de un árbol lleno de temor. Aquel joven era un gran conocedor de la ley de Moisés y los profetas; Zaqueo, sin embargo, no da prenda de conocer siquiera una porción de las Escrituras y mucho menos practicarla. Aquel joven rico con sus lujos hacía que la gente lo admirara, en cambio a Zaqueo por su riqueza y sus lujos, hacía que la gente lo odiara. Aquel joven fue reverente ante la presencia de Jesús, se postró delante de él y le pregunta que debía hacer para ser salvo, Zaqueo en cambio, se había trepado a un árbol solo para satisfacer su curiosidad de ver pasar a un tal Jesús de quien la gente tanto hablaba.

Si observamos, podríamos concluir que el joven rico estaba bien posicionado ante Dios, mientras que Zaqueo estaba sumergido en el lodo del pecado y de la muerte. Concluiríamos, que el joven rico tenía todas las herramientas para ser alguien importante: un profeta, un evangelista, un maestro y hasta uno de los discípulos de Jesús por cuanto el Maestro le había pedido que le siguiera. Contrario a esto, Zaqueo tenía todas las herramientas para ser rechazado, para ser odiado, incluso ajusticiado como hacían los judíos con la gente despreciable. Un vendedor de patria le dirían. Un pecador de la peor calaña. La escoria de la raza judía.

No hay duda de que, si su pueblo tuviese que escoger entre ellos para ser sentenciado a muerte, sentenciarían al malvado y liberarían al justo. En el caso de Jesús sentenciaron al Justo y liberaron al malvado. Sin embargo, había algo que la gente desconocía sobre estos dos hombres, pero que Jesús sí conocía; es decir, el corazón. Y ahí precisamente es que queda al descubierto lo que le hacía falta a cada uno para heredar la vida eterna.

Cuando Jesús mira al joven rico a los ojos dice el evangelista que le amó. Y porque le amó es que le dice: «solo una cosa te falta, vende todo lo que tienes y dáselo a los pobres y ven y sígueme». En ese momento el joven se puso muy triste, bajó su rostro y se fue a continuar con su vida porque amaba el dinero más que ninguna otra cosa. Ese joven no supo discernir entre lo presente y lo porvenir, entre lo superfluo y lo valioso, entre lo efímero y lo eterno. Zaqueo, sin embargo, tira el ancla, detiene su marcha, evalúa su corazón y decide acampar bajo la sombra del Omnipotente.

Esa es la gran diferencia entre estos dos hombres. Tuvieron la misma oportunidad, pero uno la valoró más que el otro. Uno se apartó, pero el otro se acercó. Zaqueo descubrió el secreto del amor. Antes atesoraba riquezas para sí, ahora quiere atesorar riquezas en pro del reino de Dios. Por eso, reparte la mitad de sus bienes a los pobres, y a los que había defraudado con sus acciones injustas, promete cuadruplicarle lo cobrado demás.

DE HIJO DE PECADO A HIJO DE ABRAHAM

Al publicano no se le reconocía como hijo de Abraham por descendencia, sino que su fe y su acogida a Jesús lo ha acreditado como verdadero hijo de Abraham. La descendencia de Abraham es ampliada, de modo que tengan participación en las promesas de Abraham incluso los que no son de su sangre (ver Gálatas 4:13).

Un pecador que buscaba había encontrado a un Salvador que lo procuraba. El hombre había hallado la salvación personal en verdadero arrepentimiento. Las palabras de gracia del Maestro eran una seguridad de salvación para Zaqueo, una proclama en su favor a la multitud y una promesa a todos los seres humanos de todas las naciones, en toda edad. Jesús salva a los pecadores: «hoy ha llegado la salvación a esta casa». Y cuando dice a esta casa, se refiere también a la tuya mi querido amigo.

La historia termina con una gloriosa afirmación: «El Hijo del Hombre ha venido a buscar y a salvar lo que se había perdido». Este es el principal propósito de la venida de Cristo al mundo. Propósito que se sigue cumpliendo cada vez que alguien invita a Jesús a su casa. Con esta historia queda demostrado que *cuando Jesús viene a mi casa el pasado queda en el pasado, todo es hecho nuevo*. ¡Y eso es algo maravilloso!

CAPÍTULO [3]

CUANDO JESÚS VIENE A MI CASA HAY FIESTA

(La historia de un desprestigiado)

Leví hizo en su casa una gran fiesta en honor de Jesús; y muchos de los que cobraban impuestos para Roma, junto con otras personas, estaban sentados con ellos a la mesa.

—Lucas 5:29, NVI

ERA LA UNA DE LA TARDE, había llegado una hora antes de lo acordado para tomar mi primera práctica y luego el examen que me acreditaría como conductor de vehículos pesados. Al llegar la hora, mis emociones se habían intensificado, especialmente cuando vi llegar al instructor conduciendo su antiguo camión International 4700 de plataforma con 24 pies de largo, color amarillo pollito, brillado y listo para mí. No te puedo negar que me encontraba un poco nervioso, pero, a la vez me sentía importante ya que ese día yo era el único aprendiz que tomaría la práctica de conducir con un camión mientras que los otros aspirantes lo harían con autos mucho más pequeños.

Luego de presentarnos, el instructor me invita a sentarme en el asiento del conductor y a tomar el volante, lo que hice sin demora. Durante el primer minuto, el instructor me da un recorrido visual sobre todos los accesorios y artefactos del tablero de conducción y la manera correcta de utilizarlos. Luego de esta breve orientación, me pregunta si estaba listo, a lo que respondí afirmativamente. «Pues comencemos» replico el instructor. Encendí el motor y como por combustión los nervios se apoderaron de mi haciéndome olvidar todas las instrucciones que me acababa de dar hacía un minuto. Tembloroso, coloco la palanca en cambio y sin mirar por el retrovisor para ver si la vía de acceso se encontraba libre, me lancé a la aventura. ¡Gracias a Dios que en ese momento no venía ningún auto!

Para aumentar un poco más mi ansiedad ante mi inexperiencia, el volante tenía un juego de alrededor de diez pulgadas lo que hacía mucho más difícil girar en las curvas de lo que para mí era el vehículo más largo y grande que jamás haya conducido. A segundos de haber comenzado la prueba, comenzó a caer una fuerte lluvia que me impedía una clara visibilidad de la vía de rodaje. Por otro lado, el instructor me iba diciendo todos los errores que estaba cometiendo desde que arranqué el camión del aparcadero.

La ansiedad en mi fue aumentando, a tal punto que me sucedió eso que la nueva generación de médicos llama «ataque de pánico». Nunca en mi vida había experimentado algo similar. «¿Cómo detengo este camión; dígame como lo detengo?» le grité al pobre hombre, quien tratando de mantener la calma me pedía que me tranquilizara y continuara conduciendo. «¡No, dígame cómo lo detengo!» exclamé con insistencia. Al verme en esa condición, el instructor, quien era un hombre humilde y de mucha experiencia, me guio hasta la orilla de la calle, me explicó cómo aplicar los frenos de aire y cómo apagar el motor. Una vez hice esto, abrí la puerta y me bajé del vehículo a toda prisa diciéndole al instructor «no estoy listo para esto».

Acto seguido procedí a caminar bajo la lluvia en dirección a donde había dejado mi auto estacionado. Lo gracioso de todo es que mi auto estaba a una milla de distancia y por lo aterrorizado que me encontraba, no me importó caminar toda esa distancia bajo la lluvia para subirme a mi auto y regresar a mi casa. El instructor atónito, ya que era la primera vez que le sucedía algo semejante trató de convencerme de que me subiera al camión para llevarme hasta mi auto, pero no pudo persuadirme pues me encontraba turbado.

Cualquiera que me estuviera viendo podría haber argumentado: «¿Por qué ese instructor no se cerciora primero de que sus estudiantes tengan experiencia antes de soltarles el volante de un vehículo tan grande?» Otros, por supuesto dirían: «personas como estas no deberían estar en la calle poniendo en peligro la vida de los transeúntes». Y, muchas cosas más. No los juzgo, porque tienen razón en cada una de sus aseveraciones. Estaba poniendo en peligro la vida de los otros conductores. Y el instructor no debe soltarle el volante a gente tan inexperta.

En la Biblia también encontramos a unos religiosos que hicieron lo mismo con Jesús. Tenían razón cuando criticaban a Jesús por compartir la mesa con pecadores y publicanos. Tenían razón, porque según su religión, tradiciones y dogmas, estas personas no merecían que se les ofreciera el pan que les había sido prometido solo a los hijos de Dios como ellos. Por eso, se acercan a los discípulos de Jesús para preguntarle con cierta ironía: *¿Por qué come su maestro con los recaudadores de impuestos y con pecadores?* Esta fue la pregunta que un grupo de fariseos llenos de ira e indignación les hicieran a los discípulos de Jesús mientras éste compartía ante la luz pública en una fiesta/banquete con gente de dudosa reputación a la que tanto la sociedad como los religiosos tildaban de despreciables pecadores. Gente de mala calaña, a la que se le prohibía la entrada al templo, a las sinagogas y a los lugares sagrados, porque se les consideraba demasiado sucios como para entrar en un lugar tan «pulcro y lleno de santidad».

DE UNA ALDEA A OTRA

Este suceso ocurre porque Jesús, como acostumbraba a hacer cada día durante sus tres años de ministerio, pasaba de una aldea a otra sanando a los enfermos, liberando a los oprimidos por el diablo y anunciando el Reino de su Padre y eso era inconcebible para algunos de los judíos más radicales. A pesar de esto, no era de extrañar ver a Jesús compartir con todo tipo de personas de una u otra clase social, pues Jesús no era Dios de unos sino de todos.

Este día en particular, Jesús había comenzado muy temprano su travesía evangelística. Según el evangelio de Mateo,

Jesús había visitado la tierra de los gadarenos, lugar donde se encontró con un par de hombres poseídos por una legión de demonios (cuatro mil) a los que liberó sin demora. Aunque este sorprendente milagro fue notorio en toda aquella región, Jesús no pudo hacer muchos milagros allí porque los ciudadanos de ese lugar atemorizados tras ver lo sucedido con los cerdos que apacentaban y que se precipitaron por un despeñadero al pasárseles los demonios del gadareno, le pidieron que se fuera de sus contornos. Sin intención alguna de discutir con estas personas desconocedoras de la visitación del Mesías, Jesús se sube nuevamente en la barca, no sin antes haber nombrado al gadareno como el primer evangelista y misionero mencionado en el Nuevo Testamento: «Vete a tu casa, a los tuyos, y cuéntales cuán grandes cosas el Señor ha hecho contigo y cómo ha tenido misericordia de ti. Entonces, él se fue y comenzó a publicar en toda Decápolis cuán grandes cosas había hecho Jesús con él; y todos se maravillaban». Luego de esto, Jesús junto con sus discípulos, cruza al otro lado del mar de Genesaret, bordeó la costa y regresó a Galilea su ciudad natal.

Al enterarse la gente de que Jesús había llegado a su ciudad, comenzaron a aglomerarse a su alrededor para escucharle. Entre ellos, se encontraban algunos maestros de la ley que, aunque con un espíritu de sospecha, también escuchaban a Jesús mientras les hablaba. En ese mismo instante en que esto acontecía algo inesperado ocurrió que interrumpió la charla de Jesús con aquellas personas en la casa en que se encontraban que con toda probabilidad era la casa de Pedro, que era la base de operaciones desde el comienzo de su ministerio. Atónitos, todos vieron cuando el tejado del lugar fue hecho trizas por unos hombres que desesperadamente cargaban a cuesta a un paralítico amarrado a un camastro.[7] Lo bajaron con cuerdas y lo pusieron delante de Jesús. La razón era obvia, lo que querían estos hombres de una fe admirable era que Jesús sanara a su «familiar o tal vez un amigo», de esta terrible enfermedad.

Lo que sucede a este encuentro inesperado es sumamente sorprendente y a la vez halagador. Según el evangelista, cuando le traen al enfermo lo primero que hace Jesús no fue sanarlo de su parálisis como tal vez todos esperaban que hiciera, sino perdonarle sus pecados. Esto deja boquiabiertos a todos los presentes en especial a los religiosos que allí se encontraban, porque tanto en tiempos de Jesús como ahora a la gente les interesa más las cosas visibles que las invisibles, las temporales que las eternas. Jesús, contrario a lo anticipado, le perdona los pecados al enfermo porque para él la salvación de este hombre era más importante que su sanidad física, aunque a continuación lo sana para que sepan que el Hijo de Hombre tiene poder para perdonar pecados.

Me llama la atención que Jesús no sana a este paralítico por su propia fe, sino por la fe de los que lo trajeron ante él. Fue la fe de estos hombres lo que movió la mano de Dios siendo recompensados cuando tras la orden de Jesús el que era paralítico salió del lugar con su lecho en mano caminando sobre sus pies y alabando al Señor. Ante lo acontecido, la gente se maravilló al ver lo que acababa de ocurrir frente a sus propios ojos y todos, aunque tal parece no los religiosos, glorificaron a Dios, por haber dado tal potestad a los hombres.

JESÚS LLAMA A UN DESPRESTIGIADO

Tras este poderoso milagro hecho al paralítico, Jesús sigue su camino hacia Capernaum que significa «campo de arrepentimiento, ciudad de consuelo, de Nahum». Esta ciudad, localizada en la ribera del mar de Galilea, fue uno de los lugares donde más milagros fueron realizados por Jesús y donde tuvo su residencia por algún tiempo. Al llegar, y todavía siendo rodeado por la multitud, Jesús fija su mirada en el hombre de nuestra historia. Un publicano que estaba trabajando en su oficina sentado en una banca llamada la de los tributos públicos, y que tras cruzar miradas con Jesús no pudo resistirse al llamado que el Galileo le hiciera para que lo siguiera, palabras encantadoras éstas, de labios de aquel que siempre las usaba para conmover y cambiar el corazón de las personas a quienes eran dirigidas, y en esta ocasión, hacer de él parte del grupo selecto de los doce paladines de la justicia que junto a Jesús cambiarían la historia de la humanidad.

La respuesta no se hizo esperar y el hombre de nombre *Mateo*, que en hebreo significa «regalo de Dios» o *Leví* como lo llaman Marcos y Lucas que en hebreo significa «el que une a los suyos» (véase Marcos 2:14; Lucas 5:27-29), se puso en pie y dejando todas sus cosas decidió seguir a Jesús y hacerlo su Maestro y Señor desde ese día en adelante.

A este hombre, como era la costumbre en su tiempo, se le conocía por esos dos nombres y sin saberlo, desde ese día en adelante este hombre comenzó a hacer lo que etimológicamente sus dos nombres significaban. Había recibido a Jesús que es *el mejor regalo* que ser humano alguno pudiera recibir, y al recibirlo se convirtió con su ejemplo y proclamación en *el que une a los suyos* para juntos, como pueblo escogido por Dios, heredar la vida eterna.[8]

Mateo dejó un trabajo infame para convertirse en discípulo de Jesús. Como alguien ha dicho: «Abandonó un trabajo cómodo, pero encontró un destino. Perdió unos buenos ingresos, pero encontró honra. Perdió una cómoda seguridad, pero encontró la más grande aventura de su vida». Y no fue esta la menor de sus recompensas, ya que, según un gran número de eruditos bíblicos, fue este apóstol y no otro, el que tuvo el honor de escribir el Evangelio que lleva su nombre.

EL TRASFONDO DE LOS PUBLICANOS

Antes de continuar con los acontecimientos posteriores al llamamiento de Mateo y de que se convirtiera en discípulo de Jesús, quisiera que conocieras un poco sobre el trasfondo de los publicanos como Mateo y de los judíos que trabajan en este oficio. Mateo era un cobrador de impuestos en la ciudad de Capernaum que estaba localizada junto a la ribera noreste del lago de Galilea (Mateo 9:9; 10:3). La oficina de impuestos o aduana de Capernaum, establecida allí para cobrar los impuestos a las naves que pasaban por el lago para salir del territorio de Herodes o de los que se dirigían de Damasco a la costa, una ruta regular de caravanas.[9]

Es importante el hecho de que, en este tiempo, se consideraba que los ladrones, los asesinos y los cobradores de impuestos pertenecían a la misma clase. Por tal razón, para la sociedad tanto de Capernaum como de otras ciudades como la Jericó de donde Zaqueo era oriundo, los publicanos eran una especie de escoria humana odiada en toda Palestina.

Palestina era un territorio sometido bajo el yugo del Imperio romano y, por ende, los recaudadores de impuestos estaban al servicio de este gobierno invasor. Por eso, se los consideraba como renegados y traidores. Además, todos ellos tenían fama de enriquecerse a costa del engaño y de la recaudación que a menudo era excesiva (Véase Lucas 19:8). El sistema de impuestos se prestaba para abusos. La costumbre romana era subastar los impuestos; a un distrito se le asignaba una cantidad y luego se le vendía el derecho de recogida de impuestos al mejor postor. Mientras éste entregara la cantidad asignada al final del ejercicio, podía quedarse con lo demás que le hubiera sacado al pueblo. Y como no había periódicos ni radio ni televisión para que los anuncios llegaran a todo el mundo, las personas corrientes no tenían idea de lo que tenían que pagar.

Este sistema particular se había prestado para abusos tan gordos que ya se había cambiado en los tiempos del Nuevo Testamento; sin embargo, todavía había impuestos y recaudadores colaboracionistas al servicio de Roma, que explotaban a sus mismos conciudadanos.

En este tiempo existían dos tipos de impuestos. El primero eran los impuestos de estado. Había un impuesto general que tenían que pagar todos los hombres de 14 a 65 años y las mujeres de 12 a 65, solamente por el privilegio de existir. Había un impuesto de la tierra, que consistía en la décima parte de los cereales y la quinta del vino y el aceite, y se podía pagar en especie o en dinero. Había un impuesto sobre la renta, que era del uno por ciento de lo que se ganara. En estos impuestos no había mucho margen para el abuso.

El segundo tipo de impuestos era muy diverso: por usar las principales carreteras, puertos y mercados; por tener un carro, y por cada una de sus ruedas y por el animal que lo llevaba; había impuestos por la compra de ciertos artículos y por la importación y exportación. Un cobrador de impuestos podía mandar a un hombre que se detuviera en el camino y desempaquetara y cobrarle casi lo que le diera la gana. Si no podía pagar, a veces el cobrador se ofrecía a prestarle dinero a un interés exorbitante y así tenerle más en sus garras.[10]

A pesar del mal prestigio que para cualquier ministerio de nuestra época podría acarrear tener en su equipo de trabajo a un pecador empedernido como éste, Jesús, sin embargo, contra todos los pronósticos de lo que podría esperarse de un maestro de la ley, de un Rabí, eligió a un cobrador de impuestos, a un hombre desprestigiado para que fuera parte de Su séquito de discípulos y apóstol en vez de a un sacerdote u otro hombre más capacitado o de mayor prestigio.

UNA FIESTA MUY SINGULAR

Ciertamente, no es la primera vez que ante la presencia de Jesús y la salvación de algún alma se celebre una gran fiesta, un banquete o una magna celebración. La Biblia nos presenta como en múltiples ocasiones cuando Jesús era invitado a una casa o ante la salvación de algún alma, se celebraba el acontecimiento con mucha emotividad porque para ellos esto era algo por lo cual festejar. Se aprecia que, tanto para Jesús como para los nacidos de nuevo, celebrar una fiesta era la forma de expresar la alegría y el agradecimiento a Dios por la salvación y la vida eterna con Cristo en el cielo: «Pero era necesario hacer fiesta y regocijarnos, porque este tu hermano estaba muerto y ha revivido; se había perdido y ha sido hallado» (Lucas 15:32). Y, también: «Les digo que así es también en el cielo: habrá más alegría [fiesta] por un solo pecador que se arrepienta que por noventa y nueve justos que no necesitan arrepentirse» (Lucas 15:7).

Volviendo a Mateo, no es de dudar que con toda probabilidad éste haya sido un hombre adinerado, ya que Lucas dice que organizó en su casa *una fiesta, un gran banquete* en honor de Jesús (Mateo 5:29). Aquí, es importante señalar que, al parecer, la fiesta no fue hecha en la novedad de su discipulado, sino después de que Mateo hubo tenido tiempo para estar algo establecido en la fe, cuando, regresando a Capernaum, su compasión por sus viejos amigos, quienes habían tenido su propia vocación y carácter, le hizo juntarlos para que tuviesen una oportunidad para oír las palabras de gracia y bondad que salían de la boca de su Maestro, si por ventura experimentasen un cambio semejante.[11]

Esta fiesta fue su manera de confesar públicamente a Cristo y de presentar al Salvador a sus colegas y amigos. ¡Por tanto, y necesariamente, los invitados eran *publicanos* y otros generalmente conocidos como *pecadores!* Martín Lutero dijo en una ocasión: «Somos salvados sólo por la fe, pero la fe que salva nunca está sola». Dwight Moody dijo: «Dónde nací, dónde y cómo he vivido no importa. Lo que importa es lo que haré en los lugares donde esté». Haciendo ver que todo cristiano tiene el deber de compartir las bendiciones que ha encontrado o recibido y esto precisamente es lo que hizo Mateo.

Contrario a la parábola de Jesús, donde es el Padre el que hace una fiesta/banquete para celebrar el regreso de su hijo pródigo a su casa, aquí, es el pródigo el que celebra una fiesta/banquete en su casa, en honor al Padre que le ha salvado.

Ciertamente, fue una extraña mezcolanza la presente en la fiesta de Mateo: Jesús y los cuatro discípulos pescadores, Natanael y Felipe; Mateo y sus antiguos compañeros, publicanos y pecadores; los fariseos con sus escribas o estudiantes como espectadores; y los discípulos de Juan el Bautista que estaban ayunando en el mismo momento en que Jesús estaba festejando. Sin embargo, es importante notar que cuando Jesús llega a la casa de Mateo el ambiente se transforma en uno de celebración y regocijo por la presencia del Señor en medio de su casa y de este marginado grupo social al que Jesús ha dignificado haciéndoles parte de su pueblo escogido.

En aquellos tiempos era costumbre comer reclinados en divanes y de cara a la mesa, así que allí se encuentra Jesús con sus nuevos amigos celebrando en grande la salvación de estos hombres. La reacción de los fariseos no se hizo esperar, cuando al ver a Jesús asociándose de aquella manera con los proscritos sociales, se sintieron indignados por tan repugnante espectáculo. Así que, se dirigieron a sus discípulos y lo acusaron de «culpabilidad por asociación»; ¡ningún verdadero profeta iba a comer con pecadores! ¡Acaso no hay gente digna en este lugar para que comparta con ellos!

La tensa atmósfera que se está formando alrededor del Salvador queda expuesta cuando sin que los fariseos se percataran Jesús los había escuchado y les responde: «Los sanos no tienen necesidad de médico, sino los enfermos». Es decir: ustedes se creen sanos; mi misión, pues, no es para ustedes. La responsabilidad del médico es para con los enfermos; por esto yo comparto el pan con los publicanos y pecadores. ¡Cuántos corazones quebrantados y cuántas almas enfermas por causa del pecado, han sido sanados por estas palabras incomparables! Los fariseos se consideraban sanos y estaban mal dispuestos a confesar que necesitaban a Jesús. Por eso, Jesús saca a la luz lo que a simple vista nadie podía notar. Está haciendo público lo que realmente había dentro de los corazones de estos religiosos. Les hace ver que estaban extremadamente enfermos en lo espiritual y en desesperada necesidad de curación. En contraste, los recaudadores de impuestos y los pecadores estaban más dispuestos a reconocer su verdadera condición y a buscar la gracia salvadora de Cristo. ¡De modo que la acusación era cierta! Jesús sí que comía con pecadores. Si hubiese comido con los fariseos, la acusación hubiese seguido siendo verdadera, ¡y quizá aún más! Y como afirma asertivamente W. McDonald: «Si Jesús no hubiese comido con pecadores en un mundo como el nuestro, habría comido siempre a solas».[12] Por eso, es importante recordar que cuando Jesús comía con pecadores, nunca cedía a sus malos caminos ni contemporizaba su testimonio. Empleaba la ocasión para llamar a las personas a la verdad, a la santidad y al amor los unos con los otros.

«Id, pues, y aprended». Con un mordiente sarcasmo, Jesús invita a estos predicadores a que aprendan lo que la Escritura enseña. El problema de los fariseos era que, aunque seguían los rituales del judaísmo con gran precisión, sus corazones eran duros, fríos e implacables. De modo que Jesús los despidió con un desafío a que aprendiesen las palabras del Señor: *Misericordia quiero, y no sacrificio* (citadas de Oseas 6:6).

Aunque Dios había instituido el sistema sacrificial, no quería que aquellos rituales viniesen a tomar el lugar de la justicia interior. Dios no es un ritualista y no se complace con los rituales divorciados de la piedad personal; y era precisamente en esto en lo que habían caído los fariseos. Observaban la letra de la ley, pero no sentían compasión por los que necesitaban ayuda espiritual. Se asociaban sólo con personas externamente justas como ellos.

Jesús continúa diciendo: «No he venido a llamar a justos, sino a pecadores al arrepentimiento». Aquí el pensamiento es que su llamamiento es sólo eficaz para aquellos que se reconocen pecadores. Él no puede dispensar sanidad alguna a los soberbios, a los que mantienen su pretensión de justicia propia ni a los no arrepentidos, como los fariseos. La gracia de Dios va más allá de los parámetros de la justicia humana. Las relaciones con Dios que establecía el legalismo de la época de Jesús eran de paga, en razón de los méritos que se tenían. La enseñanza incansable de Jesús, por el contrario, afirmaba que las relaciones con el Dios que es Padre bueno se establecían por amor, y no por méritos frente a la ley. Con Jesús quedaba bien definido el comportamiento de Dios con el ser humano: Dios no se fijaría en méritos, sino en necesidad. Quien necesita el amor lo obtendría, no quien lo «mereciera». Su salvación es un don, un regalo inmerecido y es igual para todos. ¡Así es Dios de bueno con nosotros!

LA RECOMPENSA

¿Recuerdas que te dije que salí corriendo del estacionamiento lleno de pánico y terror porque no sabía siquiera cómo detener ni estacionar ese inmenso camión de frenos de aire con el que iba a practicar para luego tomar el examen para conducir vehículos pesados? Ese día, luego de recuperarme de mi vergonzosa experiencia, hablé con un amigo sobre lo que me había sucedido y éste, sin habérselo pedido, me prestó un camión pequeño que tenía en su garaje, para que practicara hasta ganar la habilidad y la confianza que necesitaba para tener éxito cuando regresará a intentarlo de nuevo.

Dos semanas después, llamé al instructor, le pedí una segunda oportunidad la cual me fue concedida. El instructor, no solo me citó para tomar una nueva práctica, sino que me inscribió para tomar el examen ese mismo día. Aunque nervioso todavía, pude completar la práctica y luego de una hora tomé el examen y para sorpresa de mi padre que me acompañaba ese día, del instructor y la mía propia, pasé el examen con una muy buena clasificación. Ese día hubo fiesta en mi casa para celebrar este acontecimiento.

Creo que a Mateo le hubiera sucedido lo mismo que a mí, si hubiera insistido en conducir su vida según su parecer y no según el mejor instructor de todos: Jesús. Hubiera salido corriendo avergonzado por la vida y el mal ejemplo que como judío le estaba dando a su familia y a su pueblo. Pero no tuvo que hacerlo y, ¿sabes por qué? Porque antes de dar un paso más en la travesía de su vida, Jesús salió a su encuentro. Y, ante la tierna mirada del Mesías y la ternura con la que le dice «sígueme», no pudo resistirse, responde con inmediatez y alegría dejando atrás todas aquellas cosas que le pudieran recordar su vida pasada.

Así que decide preparar su casa para invitar a Jesús a una fiesta, a un banquete inmemorial donde no solo él, sino también todos sus amigos, a los que también convidó, para celebrar la nueva vida y el perdón que la visita del Señor les otorgaba.

Mateo pasó el examen y, al igual que yo abracé a mi padre como signo de celebración cuando me enteré que había pasado mi licencia que me permitía conducir vehículos pesados, él abrazó al suyo, a Jesús, celebrando juntos, el perdón de todos sus pecados y la salvación suya junto con la de sus apreciados amigos a los que invitó a su casa.

Definitivamente, que con la experiencia de Mateo queda comprobado, que *cuando Jesús visita nuestra casa, hay fiesta, así en la tierra como en el cielo* (Lucas 15:7). ¡Aleluya!

CAPÍTULO [4]

CUANDO JESÚS VIENE A MI CASA MI FE SE ACRECIENTA

(La historia de un paralítico y sus amigos)

Al momento, el paralítico se levantó delante de todos, tomó la camilla en que estaba acostado y se fue a su casa alabando a Dios. Todos se quedaron admirados y alabaron a Dios, y llenos de miedo dijeron:
—Hoy hemos visto cosas maravillosas.

—Lucas 5:25-26, DHH

AUNQUE JESÚS ESTABA DECIDIDO a no buscar deliberadamente a los enfermos para sanarlos, sí estaba dispuesto a curar a los que se cruzaban en su camino mientras se ocupaba de otras tareas más vitales. Ese es el caso de Simón el leproso, de la suegra de Pedro y de todos los enfermos que se le acercaban o le eran traídos, mientras recorría toda Galilea predicando.

Jesús se había retirado durante un tiempo de Capernaúm para anunciar el Reino de Dios por toda la región y, cuando se había cumplido ya el propósito de su ausencia, regresó allí y encontró gente que acudía a Él y se reunían donde estuviera, unos para oír su predicación y otros para que los sanara como lo demuestra la historia de la que les hablaré en este capítulo.

Este pasaje resalta la solidaridad y la fe de cuatro amigos y un paralítico, que a toda costa buscan estar cerca de Jesús. La historia resulta inspiradora porque trata del perdón de los pecados, cada lector o lectora cristiana puede reencontrarse en él y ver su fe crecer al tiempo de ver como Jesús transforma su vida y la de su familia.

Capernaúm, además de ser una ciudad cosmopolita y altamente comercializada, era uno de los lugares más visitados por Jesús según se corrobora en los evangelios. Se cree que Jesús vivió por algún tiempo allí (ver Mateo 9:1), y que sus apreciados discípulos Pedro y su hermano Andrés, tenían allí su residencia. Así que, esta zona era altamente conocida por Jesús y contrario a lo que ocurría en otras áreas como en Nazaret, su ciudad natal (Marcos 6:5), aquí por el contrario la gente siempre buscaba estar al tanto de su paradero para seguirle y escucharle hablar. Por esta razón, Capernaúm pasó a ser su propia ciudad y la base de sus operaciones a través de todo su ministerio en Galilea (Ver Mateo 4:13).

JESÚS ESTÁ EN CASA

A un par de días de haber llegado, se corrió la voz de que Jesús estaba en *casa* (*en oiköi*), probablemente la casa de

Pedro como afirman algunos, aunque, hay que reconocer la posibilidad de que algunos amigos pudieran haber proporcionado a Jesús una casa para su uso mientras desarrollara su ministerio en Capernaúm y sus alrededores.

Las nuevas de su presencia circularon por todos los rincones: *Está en casa, ha llegado*. Los nativos, comunicaban con regocijo la presencia de Jesús en su contorno. Para ellos, su ciudad, sus pertenencias e incluso sus casas eran del Señor también. Su presencia lo cambia todo [...] Les hace olvidar la opresión romana, las fuertes cargas impuestas por los líderes religiosos e incluso sus propias aflicciones. Ese precisamente, debe ser el sentir nuestro. Amar y anhelar que Jesús venga a nuestro país, a nuestras barriadas, a nuestra casa para que enderece todas nuestras sendas y seamos bendecidos por Su presencia. *Así que, muchos acudieron a él, de manera que ya no cabían ni ante la puerta; y él les hablaba la palabra*.

La vida era muy abierta en Palestina. Por la mañana se abría la puerta de las casas y cualquiera podía entrar o salir. No se cerraba nunca la puerta a menos que se quisieran evitar las visitas. Una puerta abierta era una invitación a todos los que quisieran entrar. En las casas más humildes, como esta, la puerta parece que se abría a la calle, no a un patio como en las casas más grandes. Así es que, al enterarse la gente, que Jesús estaba en esa casa, de pronto, la casa estaba a rebosar por dentro, y había una gran multitud fuera que colmaba el espacio. ¡Que bendición cuando vemos que la gente acude presurosamente, como una nube, a la casa de Cristo!

Qué bien respondió Jesús a la expectación de ellos: *Y les hablaba la palabra*. En los Evangelios ha quedado registrado el impacto que las palabras de Jesús causaban en la gente. Multitudes le seguían sin importar cuan intenso fuese el calor o la necesidad de alimentarse por el solo hecho de escuchar sus las palabras de fe y esperanza con las que les hablaba. Incluso, algunos de sus detractores luego de escucharle decían: «¡Nunca antes alguien ha hablado como este hombre!» (Juan 7:45). Por esto, para la gente que se encontraba escuchando a Jesús en la casa de Pedro debió ser un deleite como ningún otro. Sus parábolas, sus bienaventuranzas, sus grandiosas verdades sobre el Reino de Dios y su deseo de que un día estemos con Él en las moradas celestiales, mantendrían a cualquiera embelesado y con el corazón rebosante de alegría.

Muchos de ellos acudirían solamente en busca de curación, y algunos quizá por mera curiosidad, pero, cuando todos estuvieron reunidos, Él les predicó la palabra, al pensar que era una buena oportunidad, aun cuando no era sábado ni estaban en la sinagoga. No hay lugar impropio, ni tiempo inoportuno, cuando se trata de exponer el camino de la salvación.[13]

LA FE QUE SUPERA OBSTÁCULOS

Mientras Jesús hablaba y la gente le escuchaba atentamente, fuera de la casa, un grupo de por lo menos cuatro hombres llegaron cargando un camastro, como si fuera en un ataúd, en el que se encontraba un amigo suyo que estaba paralítico. La intensión por la que habían cargado al enfermo desde su casa hasta donde se encontraba Jesús, era para que orara por él y lo sanara. Pero, dado a que la gente abarrotaba el lugar no pudieron abrirse paso para entrar a lugar.

Muchos, en tales circunstancias posiblemente regresarían a su casa con el enfermo a cuestas luego de encontrar obstáculos como este. Desaprovecharían ese mover de las aguas, esa manifestación gloriosa de la presencia del Señor Jesús que produce milagros. Si la mujer hemorroisa quien, a pesar de encontrarse en una condición precaria de salud y sumamente débil por lo prolongado de su sangrado, hubiera rehuido los desafíos para acercarse a Jesús, se hubiera perdido la bendición de haber sido sanada en el mismo momento en que se acercó a Jesús y tocó el borde de Su manto. Su fe les impidió regresar a su precaria situación. De igual manera, se ve que estos cuatro hombres estaban decididos a no marcharse, sin antes recibir la bendición de que su amigo enfermo fuese sanado por Jesús. ¡Tenemos que ser valientes!

Así que, luego de encontrarse con el escollo en el camino, analizan la situación y concluyen lo siguiente: «entrar por la puerta de enfrente es imposible, dado al cúmulo de gente dentro y fuera de la casa. Gritarle al Maestro mientras ofrece su enseñanza para que salga no está permitido, se consideraría una gran ofensa para el Rabino. Qué tal si subimos por la escalera exterior que conduce a la azotea de la casa, nos subimos al techo, y una vez allí hacemos un hueco en el terrado y por ahí bajamos el camastro con nuestro amigo atado con una cuerda para que, al verlo, Jesús se apiade de nosotros».

La iniciativa, aunque un poco desesperada, arriesgada y hasta alocada, fue aprobada por unanimidad y sin pensarlo dos veces, estos hombres desesperados levantaron al enfermo en la camilla, la colocaron sobre sus hombros y comenzaron a subir la escalera. Una vez en el techo de la residencia, calcularon el lugar donde Jesús se encontraba parado predicando e identificaron el área por donde continuarían con su arriesgado pero ingenioso plan.

En tiempos bíblicos, la azotea era una parte importante de la casa. En la mayoría de los casos el techo era plano; pero algunas veces los constructores construían cúpulas sobre los cuartos más importantes. Era común para los israelitas usar sus techos para muchas cosas. Allí secaban lino, trigo, higos y otras frutas. Algunas veces levantaban sus tiendas en los techos para descansar luego de un día de trabajo, para dormir y para refrescarse durante las noches luego de un caluroso día. Y, también como lugar de retiro y meditación. Por esto, es que era común y corriente que hubiera una escalera exterior para subir.

Los materiales de la cubierta se prestaban para lo que hicieron estos cuatro amigos decididos. La cubierta está formada por vigas planas que iban de una pared a otra con una separación de un metro entre sí. El espacio entre las vigas se llenaba de cañizo y de tierra y la superficie se alisaba por fuera. La mayor parte de la cubierta era de tierra y era común que creciera la hierba en el tejado de las casas en Palestina. En las casas de los pobres en los campos la hierba crece con mayor abundancia, por lo que era común ver las cabras sobre los tejados, comiéndola.

Por eso, no fue difícil para estos hombres descubrir una parte del relleno en dos vigas, hacer un agujero suficientemente grande, atar una cuerda a cada esquina de la camilla y bajar al enfermo justamente a los pies de Jesús. Aquello no fue un destrozo considerable, ya que sería fácil arreglarlo y dejarlo como estaba antes.

LA FE GENUINA MUEVE LA MANO DE DIOS

Y viendo Jesús la fe de ellos, dijo al paralítico: *Ten ánimo, hijo; tus pecados te son perdonados.* Una vez bajado el enfermo, todo se detuvo y las miradas, que antes estaban fijas en el Maestro de Galilea mientras impartía su enseñanza, ahora están puestas en ese hombre, que sorpresivamente había sido bajado y colocado en medio de la casa.

Jesús, contrario a la indignación e ira que cualquier otro rabino podría haber sentido tras ver interrumpida su homilía, no tuvo problema alguno con guardar silencio y, contrario a lo esperado, ya que los enfermos eran considerados inmundos, se acerca al paralítico admirado por la gran fe con la que sus amigos lo habían traído y lo anima a creer también. Esta acción de los camilleros demuestra su confianza en Jesús, por encima de todas las posibles leyes sociales y sagradas. Por eso, Jesús exalta delante de toda concurrencia la fe de estos hombres, para que los presentes comprendan lo que les hace falta, para que también ellos pudieran recibir un milagro como el que ha de ocurrir con este enfermo.

La fe genuina y fuerte puede obrar de muchas maneras, ya que vence unas veces las objeciones de la razón; otras veces, las objeciones de los sentidos; pero, cualquiera sea el modo con que se manifieste, será aceptada y aprobada por el Señor Jesús.[14]

Ese tipo de fe es la que provoca que la gloria de Dios descienda y que su poder se manifieste. Y confirma que no son las grandes obras, talentos o capacidades humanas lo que mueve la mano de Dios. Es la *fe sencilla*, pero genuina de los pequeños la que lo sorprende y le hace detener el cosmos para acercarse al afligido y al menesteroso con amor, ternura y compasión. Esa fe la encontramos en la mujer Sirofenicia, quien, tras mostrar una *fe con osadía* provocó que su hija fuese liberada de la atadura espiritual en la que se encontraba. La vemos en el centurión romano, quien, con una *fe valiente*, provocó que su siervo fuese sanado aun a la distancia. La vemos en el ciego y mendigo Bartimeo, quien con una *fe persistente* logró que Jesús detuviera su marcha y le sanara devolviéndole la vista. Ahora, la *fe intrépida* de estos hombres junto con la de su amigo enfermo también ha de provocar que el Taumaturgo de Galilea le toque para ser sanado de su parálisis.

En esta parte ocurre algo peculiar, pues generalmente, cuando Jesús es confrontado con una persona enferma o inválida, es ésta la que inicia la conversación, o si no, sus amigos o parientes pidiendo la curación (Mateo 8:2-5; 9:18-27; 15:21; 17:14-15; 20:30; Marcos 1:30; etc.). Sin embargo, en el caso presente no se informa nada por el estilo. El auditorio está silencioso. Los hombres que han llevado al paralítico a esta casa y lo han depositado ante Jesús están en silencio, al igual que el enfermo mismo. Pero no es necesaria ni una palabra de ninguno de ellos. El Maestro entiende plenamente. Es Él quien ama y cuida y ahora se dirige al afligido. Lo primero que Jesús le dice es «Ten ánimo, hijo» (Mateo 9:22). En cuanto al «hijo» o «muchacho», en cualquier forma es una expresión de cariño. Combinado con estas palabras tenemos aquí un testimonio de la compasión y la ternura del Buen Pastor.

Con estas palabras, Jesús le imparte esperanza y afecto a éste y a todos sus hijos: hombres y mujeres que por largo tiempo han sido marginados y/o padecido por causa de alguna enfermedad, por alguna situación familiar o por algún asunto socioeconómico.

Jesús continúa hablando con el paralítico y para sorpresa de todos los presentes, pero especialmente para los escribas y fariseos que se encontraban en la casa, Jesús le dice al enfermo las palabras que comprenden el eje central de este relato: «tus pecados te son perdonados» en lugar de decirle, como todos esperaban, «tu fe te ha sanado».

Esta puede parecernos una manera un poco extraña de comenzar una sanación. Pero en Palestina, en tiempos de Jesús, era natural e inevitable. Incluso los rabinos tenían un dicho: «Ningún enfermo puede curarse hasta que todos sus pecados se le hayan perdonado». Creían que un enfermo era alguien con quien Dios estaba enfadado y que su enfermedad era producto de sus pecados. Por tanto, tomando la justicia en sus manos, marginaban a los enfermos de la vida social y religiosa del pueblo.

Si la enfermedad era causada por el pecado, entonces decididamente, el enfermo es un pecador, según el pensamiento judío. Ese, de hecho, era también el razonamiento de los discípulos de Jesús cuando al ver a un hombre que había sido ciego desde su nacimiento le preguntaron a Jesús que, si su enfermedad había sido causada por un pecado que el ciego mismo había cometido o si, por el contrario, habían sido sus padres los que habían cometido el pecado causante de la ceguera de su hijo. La respuesta de Jesús nos da luz para comprender mejor el presente relato del paralítico bajado por el techo: «No es que haya pecado éste, ni sus padres; sino para que las obras de Dios se manifestasen en él» (Juan 9:3).

Así que ya puedes imaginarte la desilusión de los escribas y de algunos religiosos que se encontraban en aquella casa al ver a Jesús acercarse a este proscrito al que consideraban inmundo, y, lo peor de todo, escucharle diciéndole al paralítico «tus pecados son perdonados».

Los escribas eran hombres que estudiaban, enseñaban, interpretaban y transmitían la ley mosaica; esto es, la ley como generalmente la explicaba la tradición. En realidad, con frecuencia la verdadera ley de Dios quedaba en sus enseñanzas sepultada bajo la tradición.

Sin que ellos lo supieran, Jesús se ocupó primero de la necesidad más grande del paralítico y le confirió el perdón de sus pecados, anunciándoselo en público. Jesús estaba accediendo al deseo de los amigos del paralítico porque vio en ellos suficiente fe para recibir el milagro. Jamás podría interpretarse el gesto de Jesús como un acto de provocación hacia los escribas o como si estuviese buscando reconocimiento alguno de sus seguidores. Jesús estaba haciendo lo que acostumbraba realizar cuando encontraba suficiente fe en alguna persona. Por eso, era frecuente oírle decir a las personas que sanaba de alguna enfermedad: «vete en paz, tu fe te ha salvado», en lugar de «tu fe te ha sanado» (ver Marcos 10:52; Lucas 7:50). Esto es así porque para Jesús limpiar el pecado de la humanidad y acercarle el Reino es más importante que la sanidad del cuerpo. La primera le garantiza una vida eterna junto a Dios. La segunda, en cambio, le mantendrá saludable durante algún tiempo, pero luego volverá a enfermarse y llegado el día, morir. ¿Qué es más importante entonces? ¡Los religiosos vuelven a equivocarse!

SOLO DIOS PUEDE PERDONAR PECADOS

En ese momento, los escribas, (y fariseos, Lucas 5:21) instructores profesionales de la ley, cuestionaron la declaración del Señor: «¿Por qué habla este así? ¡Blasfema! ¿Quién puede perdonar pecados sino uno solo, Dios?». Quedaron escandalizados ante esta proclamación y llegaron a la única conclusión que abordaban los que no apreciaban la Deidad de Jesús: que era blasfemo.

Aunque parezca increíble, dado al bienestar que producía en la gente los milagros de Jesús y el mensaje de salvación que predicaba, queda demostrado que estos líderes religiosos habían llegado allí para provocar, para detectar deficiencias en las enseñanzas y en la conducta de Jesús. La popularidad y el poder de Jesús habían llenado su corazón de celos. Por eso murmuraban de esta manera.

Como miembros de la élite religiosa, además de autoridades en las tradiciones e intérpretes de ellas, no perciben a Dios activo en Jesús. Por eso le juzgan con severidad.

Lo opuesto a la compasión es la indiferencia. La actitud apática e insensible frente el sufrimiento del prójimo es la evidencia de un corazón duro y legalista. Es la postura que nos lleva a creer que el sufrimiento del otro «por algo debe ser». No necesitamos intervenir porque la otra persona merece lo que le ocurre o está bajo «el trato de Dios». Tristemente, el grupo que más frecuentemente cae en esta actitud es el mismo pueblo de Dios y, en este caso, los maestros de la ley.[15]

Sin embargo, aunque su juicio es correcto al señalar que solo Dios puede perdonar pecados, detrás de su señalamiento se descubre otra motivación que no está explícita en nuestro relato, pero que Xavier Pikaza descubre correctamente. Pikaza señala que detrás de esta aparente preocupación de los doctores de la ley estaba su orgullo debido a que por su posición socio-religiosa se habían convertido en «controladores del perdón». Los escribas de 2:6-8 (unidos a los sacerdotes) se creen depositarios del perdón de Dios que debe realizarse «según ley», a través de un ritual sagrado (templo) y de un cambio social.[16]

El control sobre el pecado y el perdón convierte a los escribas y sacerdotes en señores de la vida (la conciencia) de los seres humanos. Ciertamente, ejercen ese control de una manera paternal, ilustrada, bondadosa (en el mejor de los casos). Pero su capacidad de saber el pecado y dictar el perdón les hace de algún modo superiores a los otros. Y comparado con la objeción que ellos le hacen a Jesús, eso sí que es detestable. La acción de Jesús va contracorriente. Jesús se atreve a hablar directamente en nombre de Dios, en voz de perdón; de esa forma vuelve inútiles las normas infinitas de control legal, los rituales sagrados del templo. Jesús mismo es ya templo: expresión inmediata del perdón de Dios.[17]

La *blasfemia* es un acto en el que un ser humano insulta el honor de Dios. Esto se extiende a usar en vano el nombre de Dios cuando se maldice o insulta en lugar de honrarlo y el castigo es la muerte por lapidación (Levítico 24:10-23; 1Reyes 21:9-14; Is. 52:5. Ver también Mateo 12:31; 26:65). Los maestros de la ley acusan a Jesús de blasfemia, porque creen que está deshonrando a Dios al arrogarse la prerrogativa de perdonar pecados, algo que solo Dios puede hacer (Ver Marcos 2:7; Lc. 5:21).

Por esta causa, creen que Jesús agravia a Dios anunciando un perdón para cuya concesión, según ellos, no está autorizado. Desde su perspectiva teológica, Dios no se sirve de seres humanos como Jesús para anunciar perdón. Pero el público del evangelista sabe que Dios ha asignado a Jesús ese cometido (Mateo 1:21). Jesús rechaza la muda acusación de los escribas, su autoridad para juzgarlo y la visión teológica desde la que lo hacen.[18]

Aunque la lógica de ellos era correcta. El único fallo en ella era pasar por alto que Jesús era cien por ciento Dios y cien por ciento hombre, y había recibido del Padre toda autoridad tanto en el cielo como en la tierra (Mateo 28:18). Así, las dos fuerzas chocan aquí, como en la actualidad, con respecto a la deidad de Cristo Jesús.

Jesús ve más allá de las acciones. Si en los amigos del paralítico percibió fe, aquí percibe sus (malos) pensamientos. Dando a demostrar que, al conocer los pensamientos de ellos, Jesús demostró que aun aquí en la tierra Él era Dios omnisciente.

El Señor que conoce todas las cosas, aun las que atesoramos en nuestro fuero interno, percibe en el acto la atmosfera cargada de hostilidad en la casa. El debate en sus corazones estaba escrito en sus rostros. Y, aunque no expresaron acusación alguna de manera explícita, Jesús sabía lo que pensaban.

Jesús responde a las actitudes hostiles de los lideres religiosos de manera sobria y pedagógica. En un estilo de diálogo rabínico le pregunta los fariseos y escribas que lo acusaban de blasfemo: *¿Qué es más fácil, perdonar pecados o sanar enfermos?* Ante esta interrogativa, ¿no se requería en ambos casos una igual medida de omnipotencia? Sin embargo, Jesús decide que, en vista del razonamiento de los escribas, sí se necesita un milagro en la esfera de lo físico para demostrarles su «autoridad» (derecho y poder) en la esfera espiritual, ¡que vean ellos este milagro![19]

LA FE SANARÁ AL ENFERMO

Entonces se dirige al paralítico con las palabras: «A ti te digo, levántate, toma tu camilla y vete a casa». La obediencia a esta orden demostrará que Él, el humilde, pero glorioso «Hijo del hombre», tiene la autoridad divina sobre la tierra para perdonar pecados.

Los tres Sinópticos informan con cuánto júbilo reaccionaron los espectadores ante lo que acababan de presenciar. Marcos informa del asombro de la gente. Jamás en su experiencia pasada habían presenciado algo similar. Según Mateo, la gente estaba «pasmada». Lucas relata que el asombro se apoderó de todos.

Es interesante notar que Jesús no tuvo necesidad de reprender la enfermedad para expulsarla, como acostumbramos a ver cuando alguien ora por algún enfermo. Jesús no tiene necesidad de hacerlo, por lo que le habla directamente al paralítico con la total y absoluta autoridad que le confiere su poder divino.

¡Click, clack! Me parece escuchar los huesos anquilosados y las articulaciones deformes del paralítico creando un fuerte sonido mientras se acomodaban cada uno en su lugar. La atonía muscular que deformaba sus extremidades inferiores causada por la inactividad también comienza a desaparecer. ¡Increíble, imposible! Tras la orden del Taumaturgo de Nazaret el hombre, que estaba postrado, se levanta y comienza a correr por toda la casa (ver Marcos 5:41-42) tras haber recibido una sanidad instantánea.

En el acto, el hombre, en obediencia, sale caminando del lugar totalmente sano y con la fuerza necesaria para levantar la camilla donde lo habían traído ante el Señor. Evidencia de que la sanidad había sido integral en la vida de este muchacho.

CUANDO JESÚS VIENE A MI CASA MI FE SE INCREMENTA

«Se fue a su casa glorificando a Dios» (Lucas 5:25). El final de la narración evangélica es de asombro y gratitud. El que estaba enfermo se fue a su hogar glorificando a Dios y los que estaban en su casa, cuando le vieron entrar caminando por la puerta, sin duda, también quedaron asombrados y creyeron en Jesús.

Desde ese día, toda esta familia cambió su tristeza por el gozo que solo Dios puede producir en el corazón del ser humano. Sus diálogos, las cenas en familia, sus pasadías y tantas otras experiencias familiares volvieron a concretarse. Ahora la vida les sonríe, el sol brilla más que nunca, los colores de las flores, el cantar de las aves, la lluvia en el horizonte, los montes y las praderas, el viento que les acaricia y las noches estrelladas cobran un significado especial en sus vidas. Todos disfrutan de las maravillas del Dios que se ha hecho presente en su casa. En su casa fluye la alabanza con espontaneidad y se adora con libertad. El Espíritu se pasea por todos lados y los miembros de la familia se aman más que nunca. ¡Jesús lo hizo!

¡Detengámonos por un momento! ¿Y los cuatro amigos? ¿Qué crees que aconteció con ellos? Estos cuatro hombres de fe regresaron junto a su amigo, el que estaba enfermo. Ellos también están experimentando las mismas experiencias en sus propios hogares. Disfrutan tiempos de refrigerio espiritual. Sus familias también han sido impactadas por el poder del amor de Jesús reflejado en ellos. Me imagino sus diálogos. Sus nuevas aventuras audaces de fe. Sus anhelos de alcanzar a todo Israel para Cristo. Cinco evangelistas, cinco familias, por un milagro y una nueva vida. ¿No les parece asombroso?

Es grandioso lo que la fe puede producir cuando invitamos a Jesús a nuestra casa. Ayer, este hombre no tenía nada; hoy lo tiene todo. El pasado le producía dolor y sufrimiento;

el presente le regala vida, gozo y paz. Antes, solo pensaba en su enfermedad; ahora desea hablarles a otros sobre el perdón y el poder sanador de Jesucristo. Este hombre descubrió lo que hacía falta en su casa para ser feliz y mi deseo es que tú también lo descubras.

«Cree en el Señor Jesucristo, y serás salvo, tú y tu casa», fueron las palabras proferidas por el apóstol Pablo al carcelero de Filipos, cuando éste, luego de abrir su corazón a Cristo y recibir el perdón de sus pecados, le preguntó qué tenía que hacer para ser salvo. En su casa había urgencia de Dios y la paz que este soldado romano había experimentado la quiso compartir con sus seres queridos, quienes, al verle transformado por el Señor Jesús, anhelaron ser salvos también (Hechos 16:23-34). Esta es una prueba más de que cuando Jesús viene a nuestra casa, la fe de todos los que la habitan se acrecienta. Permita el Señor, que esto mismo ocurra en tu casa y en la casa de todas las personas que amas. ¡Amén!

Capítulo [5]

Cuando Jesús viene a mi casa
Su presencia me lleva a adorarle

(La historia de una familia amada por el Señor)

> *Entonces María tomó una libra de perfume de nardo puro, de mucho precio, y ungió los pies de Jesús, y los enjugó con sus cabellos; y la casa se llenó del olor del perfume.*
>
> —Juan 12:3, VRV60

ESTE MARAVILLOSO RELATO del que hablaremos en este capítulo contempla las dos visitas que realizara Jesús a una de las familias más amadas por Él; la familia de Lázaro, Marta y María.

Nos muestra cómo, en la cotidianeidad de nuestros hogares, con suma frecuencia nos envolvemos tratando de poner la casa en orden, limpia y hermosa, con el fin de que todos se sientan bien, sin percatarnos, de que, en medio de ese afán y esa ansiedad, nos olvidamos de lo que es trascendental y más importante: intimar con nuestro huésped más importante, Jesús. Junto con esto y, a pesar de su brevedad, ocupa un importante lugar en el quehacer cristiano, pues ejemplifica que la prioridad suprema para los creyentes es oír la Palabra revelada de Dios.

Esta historia prepara el escenario para la fase final del ministerio de Jesús. Y forma parte del último viaje de Jesús a Jerusalén antes de su muerte en la cruz. El énfasis principal de Jesús durante ese viaje itinerante en su última semana de ministerio no fue realizar señales milagrosas, sino impartir sus enseñanzas a sus discípulos, además, de sentir el calor humano de aquellos a los que amó entrañablemente mientras transitaba por esta tierra.

La enseñanza de Jesús siempre constituyó un cambio radical de la sabiduría convencional judía de la época. La instrucción no solo era persuasiva, poderosa y urgente, sino verídica y por tanto transformadora, porque cuando Él hablaba era Dios hablando (Véase Juan 7:16; 8:26; 15:15; 17:8).

Cuenta el evangelista Lucas que, durante su trayecto a Jerusalén, Jesús, quien era acompañado como de costumbre por sus discípulos, *hace un alto en una aldea cercana a Jerusalén*. Aunque no se da el nombre de la aldea a la que Jesús entró, Juan nos dice que se trataba de Betania, donde vivían Marta y María junto con su hermano Lázaro; familia a la que Jesús visitó en varias ocasiones (Mateo 21:17; Marcos 11:1, 11-12; Lucas 10:38; Juan 11:1; 12:1-3). Según Juan 11:18, Betania (= «casa de dátiles» o «casa de higos») estaba cerca de Jerusalén, como a tres kilómetros de distancia, por lo que Jesús se encontraba en las proximidades de Jerusalén. En la actualidad, Betania es una aldea pobre llamada el-Azariyé, que significa «pueblo de Lázaro».

Mientras el grupo de discípulos sigue su camino, o, tal vez esperando fuera, Jesús se dirige a la casa de estos, sus preciados amigos con el fin de que fuera oída su palabra. Marta y María se encontraban ese día en la casa, pero Lázaro, puesto que no se le menciona en el relato presente podría haber estado en otro lugar en esta ocasión.

Marta, probablemente era la hermana mayor y, por ello, la anfitriona de la casa. Su nombre proviene del arameo que significa «dama, señora» (es decir, una mujer cabeza de un hogar), que se ajusta muy bien a su carácter y posición. Una perfecta ama de casa, ocupada de que los huéspedes estuviesen atendidos y que todas las cosas estuviesen en orden. Durante los primeros siglos del cristianismo, la iglesia vivió reuniéndose en casas acogedoras, no pocas veces de mujeres que las ponían a disposición de la comunidad, donde ejercían un papel presidencial.[20]

Ella es quien acoge en su casa a Jesús, poniendo todo su empeño en servirle con las mayores atenciones posibles. Junto con su hermana, era evidente que Marta era creyente en Jesús, ya que lo llama «Señor» (Lucas 10:40).

A medida que la historia se desarrolla revela las diferentes reacciones de las dos hermanas (también comunes entre creyentes) ante la enseñanza de Jesús: María manifestaba devoción, pero Marta se mostraba preocupada por sus faenas.

Aunque a Marta se la menciona primero, es María el personaje central en la historia y también el ejemplo que deben seguir todos los creyentes. Después que Jesús entrara en la casa le llamó la atención la actitud de María, la cual, sentándose a sus pies, oía su palabra. La posición de ella, tan cerca de Él como podía, indica el intenso interés de María en la enseñanza de Jesús. Aunque esta era una posición típica para los alumnos de un rabino, como lo hacía Pablo cuando se sentaba a los pies de Gamaliel para recibir sus enseñanzas. En el judaísmo del siglo I los rabinos no recibían mujeres como alumnas.[21] Jesús, sin embargo, rompe estas barreras y como Rabino Divino se acerca a ellas, las acoge y les enseña de la misma forma en que lo hacía con los hombres que le seguían.

Ahora ella está aquí sentada, escuchando con muchas ansias las palabras de vida que salen del corazón y los labios del Salvador. Jesús es Maestro, María su discípula. Esta es la causa del relato, la necesidad de oír lo que Jesús dice, como algo principal y prioritario. Hermosamente, Lenski lo expresa de esta forma:

«Por su oír atento, María ayudó a hacer del asiento de Jesús, su púlpito; de su humilde lugar a los pies, un banco; y de todo el cuarto, una capilla en la cual la misericordia de Jehová fue proclamada; un santuario, donde el mismo Dios se acercó al corazón pecador con la gracia».[22]

La atención y el interés por oír la palabra de Jesús es una señal inequívoca de ser un discípulo suyo. Recibir la enseñanza del Maestro con un corazón dócil y una disposición obediente, es mejor que toda otra actividad, porque no se puede servir conforme a Su voluntad, si no se conoce lo que Él desea del servicio. Ocuparse en activismo y olvidarse de oír al Señor es el camino para el fracaso en la vida cristiana y en la obra de Dios. Aún en los momentos de mayor tensión, dificultades y peligros, el apóstol Pablo pedía a su amigo y colaborador Timoteo, que le trajese los *libros* y especialmente *los pergaminos* (2 Timoteo 4:13). Servicio sin formación es imposible.[23]

Algo también significativo, especialmente en una cultura del primer siglo que a menudo no consideraba que las mujeres recibieran instrucción, es el hecho de Lucas describa a una mujer desde una óptica tan positiva, como digna de sentarse a los pies del Maestro. La Gracia no conoce fronteras de género. La actitud del Señor, tan abierta para cruzar barreras sociales y de género, es muy instructiva para nosotros, porque muchas veces esta clase de barreras se convierten en obstáculos para un potencial ministerio. El Señor estaba dispuesto a enseñar a cualquier persona y nosotros también deberíamos estarlo. La instrucción en las cosas del Señor debería estar abierta a todas las personas.[24]

¿Qué alabaremos más: la humildad de María o su docilidad? No la vemos tomar un banquillo o una silla y sentarse al lado de Jesús, sino que, deseando mostrar que su corazón era tan humilde como sus rodillas, se sienta a sus pies. María demostró la actitud de un verdadero creyente. Y cuando lo hizo, descubrió que cuanto más grande es la sumisión, mayor es la gracia. Su acción la llevará a hacer cosas insospechables para la gloria de Dios como veremos más adelante.

UN CHOQUE DE TEMPERAMENTOS

María representa una mujer mística, contrastando con Marta, que es un ejemplo de piedad activa. La primera escogió vivir en su mundo interior; la segunda prefirió hacer más hermoso el mundo que la rodeaba. Esto son dos ejemplos, pero se dan naturalmente, toda clase de posiciones intermedias en nuestros hogares y también en nuestras iglesias.

No se trata de algo que uno escoge: ser de una u otra forma, sino que es cuestión de temperamento y de la verdadera esencia de la personalidad. Por ello la una no debe pasar juicio condenatorio sobre la otra. Los dos tipos tienen que existir. El mundo suele preferir a la mujer activa, pero necesitamos también los pensamientos profundos y la meditación de la otra.[25]

Pero Marta se preocupaba con muchos quehaceres de modo que no oía la enseñanza del Señor. Se desvive por atender a Jesús y esto no tiene nada de extraño, pues esto era lo que le tocaba hacer a la mujer en aquella sociedad. Ese es su sitio y su cometido: cocer el pan, cocinar, servir al varón, lavarle los pies, estar al servicio de todos. Pero, Jesús no vino para llenar su estómago y luego seguir su camino. Jesús quería sembrar una semilla de fe y esperanza en el corazón de estas mujeres abriéndoles las Escrituras y compartiendo el pan de la enseñanza.

No cabe duda de que no era sencillo y fácil el trabajo ya que Marta quería preparar todo en forma excelente para ofrecer la comida y el acomodo a Jesús. ¿Estaba Él solo? Mucho mayor motivo si el número de personas para ser atendidas eran trece con Él (v. 38).

Por supuesto que no hay nada de malo en mostrar hospitalidad; es más, la Biblia lo ordena. Pablo escribió que los creyentes deben practicar «la hospitalidad» constantemente (Romanos 12:13). El escritor de la epístola a los Hebreos exhortó: «No os olvidéis de la hospitalidad, porque por ella algunos, sin saberlo, hospedaron ángeles (Hebreos 13:2), y muchos otros textos más. Pero, sin embargo, ese deseo de ser hospitalarios con los huéspedes, como era la costumbre para ese tiempo, produjo en Marta mucha ansiedad..., y eso definitivamente no era lo que el Señor pretendía cuando decidió visitarlas.

Jesús no buscaba que lo hicieran sentir como un rey, ni esperaba que se le preparara un banquete en agradecimiento por su visita. Lo que Jesús quería era tranquilidad. Con la Cruz por delante y la tensión dentro de sí, se había detenido en la casa a de esta amada familia buscando un oasis de calma y paz mental alejado de las multitudes exigentes, aunque fuera por un breve periodo.

Es cierto que para Marta la responsabilidad del servicio se había posesionado de su corazón y solo pensaba en el trabajo que tenía que hacer para atender de todo cuanto se precisaba en la casa. Sin embargo, y en esto coincido con Pérez Millos, la acción de Marta debe ser considerada de la forma correcta.

Generalmente, Marta es acusada de no valorar las cosas espirituales, pero eso no es cierto. Tampoco es cierto que ella se presentara ante Jesús, interrumpiera lo que estaba diciendo y le pidiera que llamase la atención a su hermana. Sin duda, Marta se presentó en el lugar donde estaba el Señor y esperó hasta que Jesús le prestó atención y ella formuló su queja y pidió la ayuda de su hermana. Mucho menos es posible entender en esto que Marta tenía celos de María, porque recibía una mayor atención de Jesús. Cualquier propuesta en este sentido es contraria y ajena al texto bíblico. El reproche que aparentemente hace a Jesús no es descortés ni arrogante, puesto que antes de hablar, se dirige a Él llamándole *Señor*. Probablemente Marta pensó que Jesús pensaría como ella en orden a la atención requerida para ordenar la casa y preparar la comida y que no aprobaría la actitud de María, pero, sin duda, se equivocó.[26]

Marta se equivoca, al no comprender que Jesús quiere ser primeramente el que da, no el que recibe; y que ha sido enviado para anunciar la salvación y que la mejor manera de servirle en ese momento era escuchando la palabra de salvación expresada por sus labios. Por desgracia, hasta los verdaderos creyentes se pueden desenfocar de lo que realmente importa.

Tanto trabajo y María sólo se sienta allí ... ¡sin hacer nada! Aquí tenemos un choque de temperamentos. Algunas personas se alteran con facilidad; otras son naturalmente tranquilas. Y a las activas les cuesta comprender a las contemplativas, y viceversa. No es que la una sea buena y la otra no. Dios no nos ha hecho a todos iguales y si hay algo que a Dios le agrada es la diversidad. Dios necesita sus Martas y sus Marías, pero nos toca a nosotros vivir en armonía con nuestro prójimo, más aún, si ese prójimo es parte de nuestra familia.

Por lo general, en todas las familias existen estos tipos de temperamentos (y con esto, no pretendo hacer un análisis exhaustivo de la conducta humana). En mi casa, por ejemplo; mi esposa Norma es calmada como María y yo siempre tengo que estar haciendo algo, trabajando incansablemente y en este sentido me parezco más a Marta. Mis dos hijos igualmente. Y, contrario a mí, es Josué, mi hijo mayor, quien es calmado y atento como María y mi hija Génesis es un río de aguas acaudaladas, como Marta. Eso no significa que no podamos complementarnos como familia ni llevarnos bien. Todo lo contrario. Al ser de diferentes temperamentos o caracteres tendemos a ver las cosas desde distintos puntos de vista y lo grandioso es que la opinión de uno complementa a la del otro. Por ejemplo, si yo estoy a mil revoluciones, mi esposa con su santa calma, paciencia y tolerancia me ayuda a caer en tiempo, a calmarme y a ver las cosas con mayor sosiego y, por lo general, veo mejores resultados en lo que hago gracias a su consejo sabio y sosegado. Lo mismo ocurre con mis hijos.

EL AFÁN Y LA ANSIEDAD

Mejor es la reprensión franca que el amor encubierto dice el proverbista (27:5). A la petición de Marta sigue la respuesta de Jesús. Lo hace mencionando dos veces su nombre: «Marta, Marta». Cuando esto ocurre es una forma de llamarle la atención. Así aparecen varios dobles llamados en la Biblia (ver Hechos 9:4); en cada uno de ellos hay un mensaje de especial importancia para el destinatario, como es también el caso de Marta. Sólo así prestaría atención a su situación personal.

No hay duda de que Marta amaba al Señor entrañablemente, pero, cuando la ansiedad y la inquietud satura el alma, el servicio se convierte en carga y la aflicción alcanza a la persona. El servicio ha de estar condicionado por la Palabra, de modo que un servicio sin comprensión de lo que el Señor establece, es incorrecto y muchas veces inservible.

Jesús no critica el servicio de Marta. ¡Cómo lo va a hacer, si él mismo está enseñando a todos con su ejemplo a vivir acogiendo, sirviendo y ayudando a los demás! Lo que Jesús critica es su modo de trabajar, bajo la presión de demasiadas ocupaciones.

Sin darse cuenta, Marta estaba excesivamente afanada hasta el punto de llegar a la turbación. Sus tareas temporales la llevaron hasta el punto de que había olvidado que *sólo una cosa es necesaria:* escuchar la Palabra de Dios. Lejos de reprender a la hermana como Marta esperaba, Jesús la elogió por haberse sentado junto a Él en señal de adoración y respeto. Entonces siguió diciéndole a Marta: *María ha escogido la buena parte la cual no le será quitada.*

La parte escogida por María se designa como *la buena y necesaria*. La hermana de Marta había elegido sentarse a los pies de Jesús y oír Sus palabras, aquello era lo que resultaba imprescindible para la vida. La presencia de Jesús en su casa la llevó a adorarle con sencillez de corazón. Se podía pasar el día con una comida sencilla, poco elaborada, incluso limitada en cuanto a abundancia, pero el alma ha de ser alimentada continuamente con la Palabra de Dios. Cuando se elige la única cosa necesaria, las *muchas cosas* que llenan el corazón nos turban e inquietan.

Oír la palabra es tan importante, que el sabio Salomón al hablar de ella nos exhorta: *Hijo mío, está atento a mis palabras; inclina tu oído a mis razones. No se aparten de tus ojos; guárdalos en medio de tu corazón; porque son vida a los que las hallan, y medicina a todo su cuerpo* (Proverbios 4:20-22). El apóstol Pablo, al escribirle a la iglesia en Roma, les dice: *Así que la fe es por el oír, y el oír, por la palabra de Dios* (Romanos 10:17). Y, Jesús llama *bienaventurados a los que oyen la palabra de Dios y la guardan* (Lucas 11:28). Cuando el estudio de la Escritura es dejado a un lado, todo lo que tenga que ver con el servicio resultará estéril, vacío e inútil.

Todo tiene su tiempo y por el testimonio de estas dos hermanas podemos aprender cómo administrarlo correctamente. Lamentablemente, en tiempos de especial ajetreo, con frecuencia, lo primero que sufre es nuestro tiempo con el Señor. No permitas que tu vida sea regulada por lo que no es necesario. La fidelidad en el trabajo, en el hogar y en la iglesia tiene un lugar, pero no se debe permitir que reemplace la fidelidad a la Palabra de Dios.

Notarás, que no hay nada más agradable que estar sentados a los pies de Jesús. Aprovecha Su visita. Escucha sus consejos. Comparte con Él. Disfruta de Su presencia. Tu casa es su santuario. Tú y tu familia son su iglesia. Adórale con todas tus fuerzas. Ama sus consejos. Has que se sienta tan bien en tu casa, que desee volver para estar contigo. María lo hizo y el resultado de su sincera adoración provocó que tiempo después Jesús volviera a visitarles una vez más.

LA ADORACIÓN AMOROSA ES PERFUME QUE IMPREGNA LA CASA CON SU FRAGANCIA

Tras esta experiencia del afán por servir y el oír la Palabra de Dios, Jesús, acompañado por sus discípulos, les realiza otra visita formal aún más significativas que la primera (ver Juan 12:1-7). A diferencia de la primera, en esta ocasión no existe ningún diálogo entre Jesús y ninguno de los integrantes de la familia. Sin embargo, las acciones de esta hermosa familia de Betania nos muestran cuan grandes y maravillosas obras puede hacer Jesús cuando lo invitamos a nuestra casa.

Era sábado antes de la Pascua, día en que Jesús sería crucificado, y en esta ocasión Lázaro está en la casa. El ambiente es ameno, festivo y de regocijo. Jesús quería compartir con ellos el milagro de la resurrección y la vida. Quería pasar tiempo con sus amados y entrañables amigos y verlos sonreír una vez más, luego del trágico suceso de la muerte de Lázaro.

Ellos también anhelaban compartir con Jesús y para ello, preparan un banquete en celebración y gratitud por haber sido hallados dignos de ser visitados por el Mesías.

En esta ocasión se vislumbra cómo el anterior encuentro de Marta y María con Jesús les había hecho valorar aún más la presencia del Maestro de Galilea en su casa. Ahora vemos a Marta, sosegada y muy tranquila. De la primera experiencia aprendió que para invitar a Jesús a su casa debe prepararse de antemano y no esperar a que el Maestro llegue para salir corriendo a hacer los quehaceres con tal de agradarle. Por eso, ahora tiene tiempo para sentarse a la mesa luego de prepararla y servir la comida para compartir juntos en familia esta última cena con Jesús.

Lázaro (el que estaba muerto) está presente y todos, incluso Jesús, estaban regocijados de tenerle en casa y verle tan lleno de vida, alegría y gratitud al Señor por haberle hecho volver de aquella oscura, fría y solitaria tumba. Por eso, no es de sorprendernos la omisión del dialogo en el relato, ya que las palabras no son necesarias cuando se tiene frente a sí un milagro de resurrección tan sorprendente y grandioso que habla más que toda humana palabra.

María también está presente y de su rostro irradia, cual Moisés cuando descendió del monte Horeb luego de estar frente a Dios por 40 días con sus noches, un brillo que solo los que tienen intimidad con Dios pueden reflejar. De su anterior encuentro con Jesús aprendió que mientras más tiempo pases con el Amado más «gloria» y más «gracia» vas a recibir. En la primera visita, María la experimentó; pero esta mujer no es de las que se conforman con una experiencia espiritual momentánea o con un milagro en el camino. Ella es de las que quieren más y más de la presencia del Señor en sus vidas. Una mujer de las que adoran en espíritu y en verdad […] y de esas, dice la Escritura, es necesario que le adoren (Juan 4:23-24).

Durante la cena, María se levanta sigilosamente, entra a su habitación y al regresar trae consigo un vaso de alabastro con perfume de nardo de gran precio. No sabemos si lo había recibido en herencia de su padre o si había sido producto de largos años de arduo trabajo y de ahorrar dinero para comprarlo. Pero ahí estaba María, parada frente a la mirada de todos, mientras se preguntaban qué se propondría hacer María con ese frasco de perfume.

De pronto, María vuelve, como la vez anterior, a acercarse a Jesús, pero esta vez, no para escuchar su palabra, sino, para realizar uno de los gestos de amor más emblemáticos y significativos narrados en toda la Biblia. María toma el frasco, lo rompe en la parte superior y sin titubear derramó el perfume sobre la cabeza de Jesús, que estaba sentado a la mesa (Mateo 26:7; Marcos 14:3). Esta unción es más que una profecía de la muerte de Jesús (Mateo/Marcos): al derramar el perfume sobre la cabeza de Jesús, María estaba haciendo lo mismo que se hacía en la unción de los reyes. Jesús es «consagrado», simbólicamente, rey del Israel futuro… ¡por una mujer!

De forma diferente, Juan cuenta que María derrama el perfume sobre los pies del Maestro y los enjuga con sus cabellos. Es el gesto del esclavo que, en nombre de su amo, lava los pies del huésped o el gesto de la esposa para con su marido, gesto femenino de sumisión. Ahora bien, es el mismo gesto que realizará Jesús unos días más tarde, en su última cena, lavando los pies de sus amigos, a quienes declara que es un ejemplo que ellos deben seguir para ser verdaderos discípulos suyos (Juan 13:15-17). María es, por tanto, incluso antes que los Doce, el modelo de discípulo tal y como Jesús desea que sea el discípulo, y de lo que Él mismo da ejemplo.[27]

Marcos nos dice que el perfume de gran precio valía «más de trescientos denarios», el salario de un año para un trabajador común o un soldado y que la mujer rompió ese costoso vaso de alabastro, haciendo que su acción fuera aún más costosa (Marcos 14:3-5).

Cuando María le ungió con el perfume de nardo, la casa se llenó del olor placentero del perfume. Esto significa que todos se dieron cuenta de lo que esta mujer hizo. Ese aroma representa la adoración sincera de los hijos de Dios que valoran la presencia de Dios más que ninguna otra cosa. Nuestras oraciones, nuestra alabanza, nuestra adoración y nuestras vidas son olor fragante delante de Dios y de nuestro Señor y Salvador Jesucristo (2 Corintios 2:15).

En este acto de amor sin medida, María volcó su alma en adoración mientras derramaba el perfume. Estando absolutamente controlada por la adoración hacia su Señor, se olvidó de todo sentido de moderación y economía.

Es importante notar que María no ofreció esa valiosa posesión para apoyar un programa o un ministerio, sino que la ofreció a Cristo mismo. No trató con el egoísmo de buscar un resultado visible y tangible de su generosidad, sino que sin titubear y en un acto de adoración efusiva y cariñosa ofreció al Señor su posesión terrenal más costosa.

La adoración auténtica, como dice J. MacArthur, es el servicio supremo que un cristiano puede ofrecer a Cristo. Hay un tiempo para ministrar a los pobres, los enfermos, los desnudos, y los encarcelados. Hay un tiempo para testificar a los perdidos y tratar de llevarlos al Salvador. Hay un tiempo para discipular nuevos creyentes y ayudarles a crecer en la fe. Hay un tiempo para estudiar y enseñar con cuidado la Palabra de Dios. Pero por sobre todo lo demás que el Señor requiere de su pueblo está la verdadera adoración, sin la cual todo lo demás que pueda hacerse en su nombre es vacío y sin ningún poder.

El adorador emulado por María no pregunta: «¿Cuánto va a costar?», o: «¿Tengo el tiempo?». Al igual que ella, el verdadero adorador le da a Jesús cualquier cosa que tenga, sabiendo que aquello es insignificante comparado con lo que ha recibido de parte de Él.[28]

Lo que María hizo fue de una importancia tan perdurable que Jesús declaró: «De cierto os digo que dondequiera que se predique este evangelio, en todo el mundo, también se contará lo que ésta ha hecho, para memoria de ella». En cumplimiento de la predicción del Señor, lo que esta adoradora hizo se ha contado realmente para memoria de ella por casi dos mil años.

María es un ejemplo perpetuo de adoración generosa y sacrificial. Su condición de mujer, no la excluye de ser reconocida como modelo de fidelidad para los creyentes. Representa la mujer de pensamientos internos profundos y cultivados. Ve lo que otros no ven, sus palabras y sus actos suelen ir más profundo que los de los que la rodean.

Ciertamente que con el ejemplo de esta gran mujer queda demostrado que cuando *Jesús viene a nuestra casa su presencia nos lleva a adorarle;* lo demás es secundario.

Capítulo [6]

Cuando Jesús viene a mi casa hay sanidad

(La historia de una mujer en cama y con fiebre)

Jesús fue a casa de Pedro y encontró a la suegra de éste en cama, con mucha fiebre. Jesús la tocó en la mano y la fiebre se le quitó. Entonces ella se levantó y le dio de comer a Jesús.

—Mateo 8:14-15, TLA

CUANDO SARA NACIÓ todo era expectativa en su familia. Durante los nueve meses de gestación todo indicaba que ese día nacería una niña hermosa y totalmente sana. El proceso de parto transcurrió con normalidad y en cuestión de minutos Sara vio la luz por primera vez en su vida. «Es hermosa», profesó el médico mientras colocaba la niña en los brazos de su extenuada, pero feliz madre. La escena no podría ser más hermosa, ver a esta madre acariciar a su hijita y contemplarla como el milagro más hermoso de toda su vida.

¡Pero algo sucedió! Su madre se percata de que las escleras de los ojos de la niña estaban oscuras y de inmediato le dice al médico: «Doctor, mi hija no está bien». El médico tomó a la niña y al verle los ojos sale de inmediato de la sala para hacerle algunas pruebas corroborativas.

Después de varias horas, el médico llega a la habitación donde habían llevado a la madre de Sara para darle las nuevas sobre la salud de la niña. «Evaluamos a la niña, le hicimos algunas pruebas y los resultados reflejaron algo que no esperábamos; la niña tiene *osteogénesis imperfecta*». ¿Y qué es osteogénesis imperfecta?, pregunta la angustiada madre. «La osteogénesis imperfecta es un trastorno de origen genético que impide que el cuerpo fabrique unos huesos fuertes. Las personas con osteogénesis imperfecta pueden tener unos huesos que se rompen fácilmente, por lo que esta afección también se conoce coloquialmente como *enfermedad de los huesos de cristal*. Según nuestros exámenes, continuó diciendo el médico, Sara tiene una probabilidad de vida de tres días…»

El día de su nacimiento, y dado a que el parto se manejó como uno normal, Sara sufrió cuarenta y cinco fracturas en todo su cuerpo, por lo que estuvo hospitalizada por varias semanas. Este fue el primer milagro, de los muchos que han ocurrido en la vida de Sara. Sara no murió a los tres días como fue pronosticado. Sara mejoró y fue dada de alta.

Aunque su niñez fue angustiosa por el dolor que le causaba las frecuentes fracturas, sus padres nunca perdieron la fe de que algún día Dios podría sanar a su hija. Al parecer, la fe de sus padres les hacía olvidar que la enfermedad de Sara era incurable y que la podría llevar a la muerte en cualquier momento. Ante esta realidad nada halagadora, no faltaba alguien que, aunque con «buena intención», tratara de persuadirlos de que se resignaran y no tuvieran falsas esperanzas ya que según los médicos no había nada que pudiera salvarla. En cambio, la mamá de Sara constantemente le decía a Sara: «Las mujeres somos valientes» para motivarla a seguir luchando en esperanza contra esperanza.

Habían pasado ocho años y Sara seguía viva. Sus pequeños huesos de cristal habían sufrido *más de quinientas fracturas*. Esto ocurría con tanta frecuencia, que su madre llegó a tener consigo un molde de yeso e inmovilizadores del tamaño de todas las partes de su cuerpo de solo tres pies de estatura.

SI PUEDES CREER

> «Jesús le dijo: Si puedes creer, al que cree todo le es posible. E inmediatamente el padre del muchacho clamó y dijo: Creo; ayuda mi incredulidad» (Marcos 9:23-24).

Creer cuando tenemos probabilidades de una solución a algún problema es posible, pero, creer ante la improbabilidad es un desafío al que tenemos que enfrentarnos con valentía y mucha fe. Y, precisamente, esta era la batalla a la que día a día se enfrentaba la familia de Sara. En esa época llegó la noticia de que en una iglesia cercana a su casa había llegado un evangelista proveniente de Venezuela para celebrar una campaña. Al parecer, este evangelista era reconocido como un hombre al que Dios respaldaba con milagros sorprendentes. Ese día, los abuelos de Sara se enteraron de esto y le pidieron a la madre que les permitiera llevar a la niña a esa campaña con la esperanza de que Dios sanara a su querida nietecita. La madre accedió, así que salieron para el servicio con la expectativa de que algo sucediera.

El evangelista predicó y el ambiente estaba impregnado de la presencia de Dios. En el momento de la ministración, el predicador hizo un llamado para que pasaran todos los enfermos frente al altar. Los abuelos de Sara, sin pensarlo dos veces, empujaron el sillón de ruedas de la niña a toda prisa. Cuando el evangelista vio la fe de ellos y a la niña, se empapó las manos con aceite y ante el silencio y la atención de todos, comenzó a orar por Sara y mientras lo hacía, le halaba las piernas, los brazos y la tocaba por casi todo su cuerpito. La abuela, al ver lo que el evangelista hacía, quiso detenerlo porque pensó dentro de sí: «si con tan solo tocar a la niña se le fracturan los huesos, con los halones que este hombre le está dando me la va a matar», por lo que, el abuelo tuvo que aguantarla para que el evangelista siguiera con su ritual y su intercesión.

Para sorpresa y testimonio de todos, ese día Sara fue sanada. Sus extremidades se enderezaron. Todas sus fracturas encallecieron y desde entonces a Sara no se le ha vuelto a fracturar ni un solo hueso a causa de la osteogénesis imperfecta.

¿Quién podría dudar del poder de Dios luego de un milagro tan sorprendente como este? Pedro, uno de los discípulos de Jesús, antes de ser el gran apóstol que posteriormente sanaría a muchos enfermos con su sombra mientras caminaba (Hechos 5:15) y que escribiría parte del canon del

Nuevo Testamento, creyó, al igual que la familia de Sara, que Jesús podía sanar a la madre de su esposa. Por eso, lo vemos sentado en primera fila en la sinagoga escuchando al Jesús mientras hablaba.

Aunque apenas acababa de iniciar su ministerio terrenal, Jesús ya estaba dando vestigios de lo que en adelante sería una batalla campal entre el reino de las tinieblas y el Reino de Dios. Ese día, Jesús había bajado a Capernaum, ciudad de Galilea, y los sábados enseñaba en la sinagoga (Marcos 1:29), pues llevaba su tarea docente pública como rabino de la comunidad. Capernaum se convirtió en el punto más importante de su ministerio ya que en su natal Nazaret lo habían rechazado (Lucas 4:24).

Los primeros cuatro discípulos de Jesús (Pedro, Andrés, Jacobo y Juan), a quienes llamó solo poco tiempo antes (ver Marcos 1:16-20), habrían asistido a la reunión de la sinagoga con Él y, junto con las multitudes, se habrían asombrado por la predicación de Cristo (v. 22) así como de la autoridad de Cristo sobre el demonio al que enfrentó (v. 27). Así pues, la enseñanza de Jesús se concreta en sus acciones, lo cual llena de asombro a los espectadores al punto de que su fama se propagaba por todos los lugares de la región.

PEDRO INVITA A JESÚS A SU CASA

Inmediatamente después de la intensa mañana en la sinagoga, Jesús sale y Pedro aprovecha la oportunidad para invitar a Jesús a su casa que según los hallazgos arqueológicos quedaba a unos pocos metros de distancia de la sinagoga. La intención de Pedro era doble: quería que Jesús tuviera un espacio para descansar y, segundo, tenía la urgencia de que

Jesús sanara a su suegra quien se encontraba enferma. Así que Pedro estaba casado y se nos dice que posteriormente su esposa le acompañaba en su ministerio apostólico, después de la ascensión del Señor (1 Corintios 9:5). Las reuniones en la sinagoga solían terminar al mediodía, y como discípulos de Jesús y residentes de Capernaum que vivían cerca de la sinagoga, habría sido natural para Pedro y Andrés invitar a Jesús a ir a la casa, junto con Jacobo y Juan, para almorzar. La casa (*oikos*), una especial como aquí o una no determinada con más detalles, es en Marcos una y otra vez lugar de estancia de Jesús y de los discípulos y escenario de su actuación. La tradición prefiere la casa como lugar donde se instruye a los discípulos (Marcos 7:17; 9:28, 33; 10:10). Esta concepción provendría probablemente de que, en las comunidades, las casas servían como lugares de reunión para la enseñanza de la palabra, para la fracción del pan y para el culto.[29] En este aspecto, la casa de Pedro puede haberse convertido ya en una iglesia doméstica, donde se reúnen los cristianos de Capernaum (Ver Marcos 2:1-12 par.).

Según lo explica Marcos, *su suegra*, quien probablemente vivía en su casa, *estaba encamada con fiebre* y en seguida le hablaron de ella. Lucas, el médico (Colosenses 4:14), provee el detalle añadido respecto a la salud de ella y señala que se trataba de una «gran fiebre» (Lucas 4:38), lo que sugiere que la condición estaba relacionada con una grave infección y no a una posesión demoniaca o a una maldición Divina como se pensaba en aquel tiempo. Era evidente que la hija y el yerno estaban preocupados, hasta el punto de que tan pronto como Jesús entró a la casa los familiares «le rogaron por ella» (v. 38).

De este acontecimiento aprendemos que el hecho que Jesús mandara a sus discípulos que lo dejaran todo para seguirle no les impedía mantener las relaciones con la familia, pues de otro modo Pedro no les habría visitado. En este caso, toda la familia alaba al Maestro y esperan que la visita de Jesús les traiga la sanidad que esta mujer necesitaba.

Las relaciones entre yernos y suegras no siempre son lisas y suaves. Es posible que en algunos casos no haya la discreción debida o la paciencia deseable por parte de los dos, en estas relaciones. Por otra parte, el amor puede superar todas las discrepancias y diferencias en el modo de ver las cosas. En el caso de Pedro hemos de creer que la enfermedad de su suegra había unido a toda la familia en oración, además de fortalecer los lazos de amor y hermandad.

De acuerdo con la narración evangélica, la suegra de Pedro estaba con fiebre y con debilidad generalizada ya que permanecía en su cama sin poder realizar las tareas caseras habituales de las mujeres de su época. Su condición revela que la enfermedad no era superficial ni pasajera y que la fiebre la había sacado de su ritmo de vida familiar. Su condición de salud exteriorizada por el síntoma de la fiebre podría implicar la muerte dado a los escasos recursos médicos o de tratamientos efectivos para estabilizar su sistema inmunológico o combatir una posible infección bacteriana o virulenta. Por tanto, la llegada de Jesús a la casa de esta mujer de la que conocemos solo por el epíteto de ser la suegra de Pedro podría haber salvado la vida de esta insigne mujer.

UNA CASA CONVERTIDA EN SANTUARIO

Ante la petición sincera e impregnada de fe de Pedro y sin duda también de su esposa, Jesús responde con compasión. Jesús entra a la habitación donde se encontraba la mujer encamada, *la tomó de la mano* y sin mediar palabras «reprendió a la fiebre» (Lucas 4:39) e inmediatamente le dejó la fiebre. Con este gesto, Jesús deja demostrado que para Él era más importante sanar a la mujer que cumplir con las regulaciones rabínicas de no acercarse ni tocar a las mujeres y mucho menos si están enfermas por considerárseles inmundas.

Aquí no hubo publicidad; aquí no hubo una multitud que mirara, admirara y se maravillara. Aquí no había nada más que una casa humilde y una pobre mujer que padecía de una fiebre corriente. Y, sin embargo, en aquellas circunstancias, Jesús aplicó todo Su poder.

Jesús nunca estaba demasiado cansado para ayudar; las demandas de la necesidad humana nunca le parecían una molestia insoportable. Jesús no era una de esas personas que están en su mejor actitud en público y en su peor en privado. Ninguna situación era demasiado humilde para que Él ayudara. No necesitaba una audiencia de admiradores para estar en Su mejor momento. Su amor y Su poder estaban a disposición de cualquiera que los necesitara.[30]

Temprano esa mañana en la sinagoga, Jesús había reprendido a un espíritu inmundo y el demonio salió; ahora reprende la fiebre y ésta también le obedece. Ya sea en el reino espiritual o el físico, siempre que Jesús emitía una reprimenda los efectos eran inmediatos.[31]

Ese gesto del Señor de acercarse a la suegra de Pedro propicia un ambiente de confianza, paz, sosiego, calma y seguridad para ella y también para toda su familia. Así como con Simón, el leproso, que al ser tocado por Jesús quedó sano de su lepra; cuando el Señor la toca a ella, la fiebre se va de inmediato. Y como producto de su sanidad, la mujer se ocupó de atender a las necesidades de sus huéspedes. Sin duda se consideraba «salva para servir». Jesús la había sanado y ahora su único deseo era usar su salud recién encontrada para ser de utilidad y servicio a su glorioso Médico y a otros. ¡Sorprendente, no! Lo que puede hacer un toque de Jesús en la vida de las personas necesitadas de un milagro de sanidad de enfermedades paralizantes, que como a ella tenían el poder de confinarla a una cama.

La mujer estaba totalmente sana. Sus síntomas habían desaparecido. No hubo período de recuperación. En un momento había estado demasiado débil para hacer algo más que estar acostada y al siguiente se hallaba de pie, llena de energía y lista para ayudar a preparar la comida del día de reposo. Fue como si ella nunca hubiera estado enferma.

Recordemos que el *servicio* (diaconía) es tema clave en la llamada y seguimiento de Jesús. Servidoras de Jesús, el siervo universal (ver Marcos 10:45), vendrán a ser las mujeres de la cruz y de la pascua (15:51). Pues bien, como primera servidora de Jesús y sus discípulos, como mujer que desde ahora ha comenzado a ser el más perfecto o grande entre todos los discípulos (ver 9:3), hallamos a la suegra de Pedro.

Ella sabe y realiza desde ahora algo que a Pedro se le hizo difícil aprender en todo el transcurso de su seguimiento histórico de Cristo (como indica Marcos 8:32; 14:29-31, 66-72). Pero hay todavía otro detalle significativo: estamos en sábado; conforme al ritual judío, se hallaban todos obligados al descanso; pues bien, *esta mujer rompe ese rito, supera el sábado judío* y comienza a realizar la obra mesiánica, sirviendo a Jesús y sus discípulos.

No ha hecho falta que Jesús la llame en vocación expresa al seguimiento (como en Marcos 1:16-20). No hace falta que le diga cómo debe comportarse. Jesús ya le ha enseñado todo en el momento mismo de curarle. Ella responde como auténtica discípula, rompiendo por Jesús la misma ley del sábado: sirve a los que vienen y convierte así su casa en primera de todas las «iglesias» (= de todos los lugares de servicio cristiano).[32]

El servicio de la mujer a Jesús y a sus compañeros deja ahora paso al servicio de Jesús a favor del pueblo de Capernaum. La casa de Pedro se ha convertido en santuario y viene a presentarse ahora como lugar de curaciones públicas (no ya en privado) y más adelante en el lugar de reunión de los primeros cristianos (Marcos 2:1ss).

NOCHE DE MILAGROS

La sanidad de la suegra de Pedro desencadenó una respuesta en toda la ciudad. De esta forma pasamos a la segunda escena, que pudiera titularse *noche de milagros* (Marcos 1:32-34). Sigue corriendo el sábado. Las gentes han llegado a sus casas, habían visto y oído hablar lo que el Taumaturgo de Galilea había hecho en la sinagoga y también en la casa de Pedro, pero no pueden traerle los enfermos, pues la ley judía del descanso sabático prohíbe ese «trabajo». Por eso esperan y al ocaso del día vuelven con ellos:

«Llegado el atardecer, cuando se puso el sol le trajeron a todos los enfermos y los endemoniados. Y la ciudad entera estaba reunida ante la puerta; y curó a muchos enfermos de sus diversos males, y expulsó a muchos demonios, y no dejaba hablar a los demonios, porque le conocían» (Marcos 1:32-34).

Tuvieron que esperar hasta después que el sol se pusiera porque la ley judía así lo estipulaba. De acuerdo con el cálculo judío del tiempo, el día terminaba al atardecer (alrededor de las 6:00 de la tarde), cuando el cielo comenzaba a oscurecer y las primeras estrellas se hacían visibles. Una vez puesto el sol, termina el día de reposo y los residentes de Capernaúm se apresuraron a llevar a sus amigos, parientes enfermos y posesos hasta Jesús. La multitud afuera de la casa de Pedro era tan grande que Marcos explica que *toda la ciudad se agolpó a la puerta* de la casa de Pedro.

Ante este sorprendente escenario, Jesús pudo haberle dicho a la multitud: «Dios dio a los hombres el día para trabajar, y la tarde para descansar. La tarde es el momento de tranquilidad cuando se deja el trabajo. Así que, vengan mañana y con gusto los sanaré a todos». Pero no era así con Jesús. Cuando podría haber esperado descanso, se vio rodeado por las demandas insistentes de la necesidad humana y generosamente y sin quejarse se ocupó de todos. Mientras hubiera un alma en necesidad, no había descanso para Jesús. ¡Así que, manos a la obra!

Uno por uno, Jesús les imponía las manos y todos eran sanados al instante por Jesús (Marcos 8:16). Su poder sanador no se terminaba ni se agotaba su amor y simpatía. Esa noche Jesús *sanó a muchos* que estaban afligidos de diversas enfermedades y expulsó muchos demonios. Sin embargo, esta fue solo una noche en la vida de nuestro Señor. Jesús seguiría mostrando este tipo de poder divino a lo largo de su ministerio de tres años y, posteriormente, delegaría esa potestad a la iglesia (Marcos 16:17-18).

LA HISTORIA DETRÁS DE LA HISTORIA

«Selah». No hay duda de que Jesús es y será siempre el centro de esta y de todas las historias de milagros descritas en la Biblia. Tampoco hay duda de que la suegra de Pedro es un digno ejemplo para la iglesia de nuestro tiempo. Sin embargo, aunque su acción parece ocultarse tras la escena, fue Pedro el precursor de lo que sucedió ese día en su casa. Gracias a su invitación, Jesús llegó a su casa. Y, gracias a su intercesión, le sanó a su suegra. Como buen discípulo de Cristo que era, Pedro sabía que cuando Jesús llegara a su casa la enfermedad tendría que huir, así como lo hizo el demonio de aquel poseso en la sinagoga. Y no se equivocó. Jesús llegó y cambió todo el panorama de esta humilde familia de Capernaum.

Ante la presencia del Doctor de los doctores, ninguna enfermedad puede ser considerada incurable. No importa en qué fase o estado se encuentre ni cómo se llame la enfermedad, *cuando Jesús viene a nuestra casa hay sanidad.*

Hoy, Sara tiene 41 años. Estudió un Juris Doctor en la facultad de Derecho de la Universidad Interamericana de Puerto Rico. Y una Maestría en leyes con concentración en litigación y métodos alternos para la solución de conflictos LL.M. Se graduó con Magna Cum Laude y obtuvo la puntuación más alta en la reválida que le acredita como abogada. Ha sido Oficial Jurídico de dos presidentes del Tribunal

Federal, Jueza Municipal y recientemente fue ascendida a Jueza Superior.

El eco de las palabras que la madre siempre le decía para motivarla a seguir luchando: «Las mujeres somos valientes" sigue resonando en ella y espero que en ti también. Con su valentía, Sara ha inspirado a muchas personas a luchar por sus sueños y a confiar en Dios, su Sanador. Su carrera es su ministerio. Desde el estrado ayuda a los pobres y desventajados haciéndoles justicia y su deseo es que todos puedan ver a Jesús a través de ella. Una vez más, queda demostrado que *cuando Jesús viene a mi casa hay sanidad;* la enfermedad tiene que huir. ¡Amén!

Capítulo [7]

CUANDO JESÚS VIENE A MI CASA LO QUE ESTÉ MUERTO RESUCITA

(La historia de un padre al que se le murió su única hija)

> *Al llegar a la casa del jefe de la sinagoga [...] La tomó {a la niña} de la mano y le dijo: —Talitá, cum (que significa: «Muchacha, a ti te digo, levántate»). Al momento, la muchacha, que tenía doce años, se levantó y echó a andar.*
>
> —Marcos 5:38, 41-42, DHH

JESÚS ACABABA DE LIBERAR a un endemoniado en la aldea de Gerasa, pero no pudo hacer más milagros allí, debido a que los vecinos del lugar lo expulsaron con premura por el miedo que sintieron al ver un hato cerdos lanzarse por un precipicio. Así que Jesús se sube a una barca y atraviesa el lago Genesaret para volver a la orilla judía del Mar de Galilea. Mucha gente, que había visto los milagros que Jesús hacía donde quiera que iba, le seguían, no porque creyeran en Él, sino porque querían un milagro para sí o ver algo espectacular, como si se tratara de algún tipo de milagrero clandestino o de algún practicante del arte de la magia de los cuales abundaban en esa época (Ver Hechos 8:9-13; 13:8-11).

Jesús, apenas se había bajado de la barca para pisar la caliente arena de la playa cuando de repente un hombre de nombre Jairo (heb. *Yair* = iluminador) quien era uno de los hombres más distinguidos de la ciudad de Capernaum por su profesión, un jefe de la sinagoga, a cuyo cargo estaba la dirección del servicio divino en el sábado, se le acercó y se postró a sus pies para hacerle una singular, pero urgente petición: «Señor, mi hijita se está muriendo. *Ven a mi casa* y pon tus manos sobre ella para que se sane y viva» (Marcos 5:23 NVI, itálicas añadidas).

Esta escena es poco común y a su vez sorprendente ya que este hombre era un líder religioso que se movía dentro del círculo de gente religiosa, de guías espirituales que conocían el poder del Dios de Israel. Sin embargo, ni su religión ni su conocimiento de las Escrituras ni sus líderes religiosos, a los que seguramente les solicitó su ayuda, fueron capaces de concederle a este atribulado hombre el deseo de ver a su hijita sana de la enfermedad que la amenazaba con quitarle la vida. Aun así, es importante destacar que Jairo no viene ante Jesús en su función de líder judío, sino en función de padre de una niña de doce años que está gravemente enferma y le pide que imponga sus manos sobre ella para que se cure de la enfermedad que la atormentaba.

En otras ocasiones, Jesús había recibido peticiones similares (ver Mateo 15:21-28 y Juan 4:43-54), pero en ninguna, ya que el milagro se realizó a distancia, se aprecia a Jesús accediendo a caminar al lado del peticionario en dirección de su casa como ocurre en el caso de Jairo: «Fue, pues, con él; y le seguía una gran multitud, y le apretaban» (v. 24).

UNA INTERRUPCIÓN INESPERADA

¡Esta multitud sí que es persistente en su insaciable deseo de ver milagros y actos formidables! Insisten en caminar con Jesús, pero no tienen fe en Él. Están por los panes y los peces. Les encanta el «show», lo asombroso; pero su corazón está a millas de distancia de conocer al Mesías a quien persiguen. Lo aprietan, lo empujan, lo tocan, pero nada ocurre. Para ellos, Jesús es como un talismán de la suerte al que le pides y luego te sientas a ver si por suerte sucede algo. Por eso, nada ocurre, nadie se sana, nadie percibe la gloria de Dios a excepción de una persona. Una mujer anónima con una condición de salud que la hace ritualmente impura y una fuente de contaminación que la separa de la sociedad. Una desdichada, que por doce años ha sufrido un sangrado uterino que la ha llevado al clandestinaje, al aislamiento. A perder aquello que tiene más valor para los seres humanos: la familia, los amigos, la salud, el dinero, la posibilidad de tener hijos y, también, la oportunidad de visitar una sinagoga como la que preside Jairo para escuchar la Palabra de Dios y mucho menos al templo.

A diferencia de Jairo que es un hombre que tiene una casa grande y por tanto es un hombre acomodado, esta mujer es una desconocida deshonrada y arruinada, que tiene que moverse de manera furtiva para acercarse a Jesús por detrás, con la idea de «robar» su sanación. Lo único que tienen en común estas dos personas es que ambos han oído hablar de Jesús, desean desesperadamente el don de su sanación y han agotado todas sus opciones.

Jairo captó la atención de Jesús postrándose delante de Él y suplicándole que lo acompañara e impusiera las manos a su «hijita». Aunque es un respetado dirigente religioso, no es distinto del leproso que se acercó a Jesús arrodillándose y rogándole que lo sanara (Marcos 1:40). Por otra parte, la mujer, que tiene mucho en común con el leproso como fuente de inmundicia, se acerca a hurtadillas y toca el manto de Jesús desde atrás, sin pedirle permiso. Tanto Jairo como la mujer creen que el contacto de Jesús es suficiente para que se produzca la curación (5:23, «te ruego que vengas y pongas las manos sobre ella»; 5:28; «Si tan solo toco el borde de su manto, sanaré»).[33]

Al ensamblar los relatos de dos personas tan distintas, se pone de relieve que ser varón, ritualmente puro, rico o desempeñar un importante oficio religiosos, no supone ninguna ventaja para acercarse a Jesús y que ser mujer, impura, sin honra y pobre no constituye ninguna barrera para recibir su ayuda. En otras palabras, la única cosa que cuenta con Dios y con Jesús es la fe. La fe permite que todos, reputados o no, limpios o inmundos, sean objeto del misericordioso poder y de la gracia de Jesús que produce sanación y salvación. Todos son iguales delante de Él.[34]

LA REACCIÓN DE JAIRO

Jairo pudo haberse molestado por la intromisión de la mujer que provocó el retraso de que Jesús llegara a su casa antes del fallecimiento de su hija. Sin embargo, el relato no da prenda de eso. Por otro lado, lo ocurrido a esta mujer le da a Jairo una nueva perspectiva. La posibilidad de lo imposible. Si una mujer ha sido liberada de una aflicción que la había torturado durante doce años, esto no significa que la vida de la niña deba terminar a la edad de doce años. También ella puede ser curada, pues hay suficiente poder escatológico de sanación para todos.[35]

Jairo sabía que Jesús tenía el poder para sanar a su hija, pero ahora, más que el saber, había sido testigo de lo ilimitado de ese poder, al ver lo acontecido con la mujer hemorroisa. Jairo no está más necesitado que esta mujer anónima y la fe de ella pudo enseñarle algo que lo preparará mejor para lo que va a tener que enfrentar más adelante.

También, él debe demostrar públicamente su confianza en Jesús cuando llegan las peores noticias. No había terminado de hablar Jesús con la mujer, cuando de repente llegan unos siervos de la casa de Jairo y, sin tapujos, le atraviesan el corazón a sangre fría con la peor noticia que padre alguno podría recibir en su vida, acompañada del peor consejo que se le pueda dar a una persona en estas circunstancias: «Tu hija está muerta. Ya no tiene sentido molestar al Maestro» (v. 35, NTV).

¿Será posible recibir una noticia más desgarradora que esta? ¿Podrá la fe ser suficiente para superar este cruel e inesperado desenlace? No creo que pueda haber una noticia más dolorosa que la muerte prematura de un hijo o una hija y mucho menos a tan temprana edad como la hija de Jairo. Pero sí creo que es posible ser sostenidos por medio de la fe cuando ponemos toda nuestra confianza en las manos de Jesús, el Hijo de Dios.

Jesús oyó lo que decían los mensajeros y en lugar de ponerse triste como todos los que le rodeaban, ignora el peso del mensaje de estos hombres y se dirige a Jairo con palabras de fortaleza y esperanza: «No temas, cree solamente». Me imagino la cara de Jesús al escuchar a estas personas que cual bomberos vinieron a apagar la fe de Jairo. Puedo ver su indignación. El mensaje escondido detrás de las palabras de estos hombres es que Jesús es solo un maestro y la muerte marca el límite del poder que pueda tener. Ni ellos ni la multitud que le seguía sabían que la Vida estaba frente a ellos y que se habría de enseñorear sobre la muerte. Así que, la Vida sigue su rumbo hacia la casa en donde se encontraba la niña que acababa de fallecer.

SOLO LA FE PRODUCE MILAGROS

Ante tanta incredulidad y la falta de fe genuina de toda la multitud que les seguía, Jesús decide delimitar el grupo a solo unas pocas personas; aquellas que tenían la fe suficiente para creer que Jesús tiene el poder incluso sobre la muerte. En ese grupo selecto se encontraban los tres discípulos que siempre estaban con Jesús a donde quiera que iba: Pedro, Jacobo y Juan, hermano de Jacobo. Estos son los mismos tres seguidores a quienes se les ofrecerá un anticipo de la gloria de la resurrección de Jesús en la transfiguración (Marcos 9:2), pero también los llamados para compartir el sufrimiento de Jesús en Getsemaní (Marcos 14:33). Así, la resurrección de la hija muerta de Jairo está implícitamente relacionada con la muerte y resurrección del mismo Jesús.[36]

Esto nos enseña que, cuando queremos que Dios se manifieste en un lugar o ante cualquier situación, debe haber fe, de lo contrario, la incredulidad nuestra o de las personas que nos rodean podría entorpecer o impedir que el poder de Dios se manifieste como Él desea. Esto ocurre, no porque la incredulidad limite el poder de Dios, sino porque a Dios no le agrada manifestarse donde hay incredulidad como ocurrió en un momento dado en su pueblo natal Nazaret (ver Mateo 13:58). ¡Solo la gente de fe hace que se produzcan milagros y prodigios extraordinarios!

Este hombre había demostrado fe al ir en busca de Jesús, ahora tiene que seguir confiando en medio de la desesperación y la incertidumbre al enterarse de la muerte de su hija. Jairo escoge creer por encima de la realidad que tiene ante sí, por lo que continúa camino abajo junto a Jesús hasta llegar a su casa.

JESÚS LLEGA A LA CASA DE JAIRO

En el momento de su llegada a la casa mortuoria se ha hecho pública ya la muerte de la niña. Por eso, al llegar a la casa, Jesús se encuentra con que muchas personas estaban haciendo un ruido ensordecedor con sus gritos y lamentos. De inmediato, al escuchar semejante alboroto, Jesús les dice: «¿Por qué hacen tanto ruido y lloran de esa manera? La niña no está muerta, sino dormida» (v. 39).

Esas personas, aparte del lamento de algún vecino o algún miembro de la familia, que lloraban y gritaban se les llamaba plañideras. Las plañideras eran mujeres a quienes se les pagaba por ir a llorar en voz alta al funeral de alguna persona aun cuando no tuvieran relación alguna con el fallecido. Al parecer, en la casa de Jairo ya estaban preparados por si la niña moría las «lloronas profesionales» junto con uno que otro flautista hicieran su acto inmediatamente. Por eso, los mensajeros añaden cruelmente: «¿Por qué sigues molestando todavía al maestro?», como queriendo decir que los actos fúnebres ya habían comenzado según la costumbre y no había vuelta atrás.

En medio de esta situación, de nuevo Jesús toma la iniciativa. Hace ver claramente que el ruido de lamentación es completamente inoportuno porque la niña duerme, no está muerta. Pero no se trata de una diagnosis médica de muerte aparente; porque Jesús hace esta afirmación antes de haber pisado siquiera el cuarto donde la niña yace. Jesús quiere decir que esta muerte, que por su Palabra dejaría en seguida de serlo, no es cosa duradera, sino sólo un corto sueño, que será seguido de un pronto despertar (Ver Juan 11:11).

De igual manera, esta afirmación utiliza una metáfora, que es común en el Antiguo Testamento y en el Nuevo Testamento, y que muestra a la muerte como una especie de sueño. Eso significa que la muerte no es el final de la vida, sino un estado de ínterin y esperanza antes de la resurrección definitiva al final de los tiempos (Ver Daniel 12:2; 1 Corintios 15:6; 1 Tesalonicenses 5:10).

Por su parte, la fe de Jairo se vuelve a poner a prueba por los amargos lamentos de quienes han acudido a su casa a llorar la muerte de la niña. Estas personas no tienen la fe de la mujer hemorroisa y menoscabarán la fe del padre.

Esta escena es muy parecida a la de María y Marta narrada en el capítulo once del evangelio de Juan. Su hermano Lázaro había enfermado de gravedad y éstas mandaron a buscar a Jesús para que lo sanara. Jesús, sin embargo, se tomó su tiempo y llegó a Betania donde vivían, cuatro días después de haberle llamado. Por lo que ya era tarde; Lázaro había muerto, había sido sepultado y su cuerpo yace putrefacto dentro de una oscura tumba de piedra. Las plañideras y los flautistas habían hecho su trabajo. Las exequias fúnebres ya se habían completado. Y los corazones de estas dos santas mujeres estaban rotos, no solo por causa de la muerte de su hermano, sino también, por la tardanza de su amado y gran amigo de la familia, Jesús.

Al igual que Jairo, ellas tampoco habían visto que nadie pudiera regresar de la muerte y también su fe fue puesta a prueba al escuchar a las plañideras y a los flautistas. Por eso, sus primeras palabras al ver a Jesús llegar fueron: «si hubieras estado aquí, mi hermano Lázaro no hubiera muerto». Con este reproche, le estaban queriendo decir, que mientras Lázaro estaba enfermo había esperanza de ser sanado, como muchos otros en el ministerio de Jesús, pero, ya es tarde, y según su parecer ya no hay nada que hacer.

Ante este panorama sumamente triste, las palabras de Jesús resuenan en los oídos de estas dos hermanas y de todos los que le rodeaban, como el rugido en un estadio llenos de miles de personas vitoreando a su equipo favorito en un mundial de football: «¿No te he dicho que si crees, verás la gloria de Dios?». Y, al instante, tras la orden de Jesús, el que estaba dormido (muerto), resucitó totalmente sano y lleno de vida. «Entonces muchos de los judíos que habían venido para acompañar a María, y vieron lo que hizo Jesús, creyeron en él» (Juan 11:45).

Las palabras de Jesús en el sentido de que la niña no está muerta, sino solamente durmiendo, provocan la risa y las burlas de los concurrentes. No están locos; saben perfectamente cuando alguien ha muerto y naturalmente, la niña lo estaba. Así lo afirma Mateo al decir, que cuando Jairo llegó hasta Jesús, la niña ya había muerto (9:18); Lucas comenta que las plañideras sabían que había muerto (8:53) y después afirma expresamente que «le volvió su espíritu, y se levantó en seguida» (8:55).

Nuevamente, ante la incredulidad y la burla de la gente que le rodea, Jesús decide apartarse solo con aquellos que tienen la fe en Él. A los incrédulos, los expulsa de la casa. No habrá milagros para le gente burlona. Su escepticismo los imposibilita de ver el esplendor de la gloria de Dios.

«NIÑA LEVÁNTATE»

En privado, solo con Pedro, Jacobo, Juan, la madre y el padre de la niña, Jesús no retrocede ante la muerte, sino que entra a la habitación donde la muerte ha establecido su dominio y, sin mayores preparativos, lanza su ataque contra ella. De inmediato, Jesús toma la mano de la niña y, por medio del poder de Su palabra, le ordena a la muerte que se vaya y a la niña le dice en arameo: «talithá kum» que significa «niña levántate». Palabras que implican tanto el acto de incorporarse en el lecho, como la resurrección de la muerte.

Al instante, la niña abrió los ojos y contempló el rostro más hermoso del universo, el rostro de Jesús, quien le miraba con compasión y una sonrisa a flor de labios al verle despertar. Como todo infante que tiene doce años de edad, la niña comienza a correr por toda la habitación. Ante la sorpresa, las lágrimas y la mirada atónita de Jairo y su esposa, Jesús les dice: «dadle de comer». Estas palabras de Jesús son la confirmación de la autenticidad de la resurrección y la completa salud de la niña. Y representa que todo ha vuelto a la normalidad en la casa de Jairo. La familia vuelve a estar completa y llena de alegría. ¡Hagamos fiesta; pues esta mi hija estaba muerta y ahora vive!

TIEMPOS DE REFRIGERIO

La fe de Jairo fue probada una y otra vez y finalmente pasó todos los obstáculos hasta alcanzar la victoria. Y, por haber vencido, fue recompensado por el Señor. El tiempo de incertidumbre, de desesperación y de agonía ha terminado. Ahora, en la casa de Jairo se celebra la vida y la presencia de Jesús en cada uno de sus corazones. No tengo duda de que en cada momento que vean y compartan con la niña, la familia de Jairo elevará una alabanza y palabras de gratitud a Aquel que les rescató a su hija de las garras de la muerte. A Aquel que dijo: «Yo soy la resurrección y la vida; el que cree en mí, aunque muera, vivirá, y todo el que vive y cree en mí, no morirá jamás» (Juan 11:25).

No sé si Jairo después de esta experiencia con Jesús volvió a predicar en la sinagoga en Capernaum de la cual era el jefe. Pero si de algo estoy sumamente seguro es que, desde el día en que Jesús visitó su casa, su vida, su mensaje y su familia cambiaron radicalmente. Antes tenía religión, ahora tiene salvación. Había oído hablar del poder sanador de Jesús, ahora ha experimentado ese poder en carne propia. Antes tenía una casa, ahora tiene un hogar.

No hay duda de que en la casa de Jairo, no solo su hija, sino todo lo que estaba muerto fue resucitado ese día tras la gloriosa visita del Maestro. Y eso es precisamente lo que Jesús quiere hacer en tu casa mi querido amigo y amiga si decides invitarlo. No importa cuán dura sea la prueba que estés experimentando. No importa cuánto tiempo, fuerzas o recursos hayas invertido tratando de resolverlo. No importa si crees que ese asunto está muerto y ya hiede. Lo que importa es que invites a Jesús a tu casa. Háblale. Cuéntale lo que te sucede y como te sientes. Jesús te entiende muy bien. Él sabe lo que tu necesitas y sin lugar a dudas, como tu Padre bueno que es, vivificará todo lo que esté muerto en tu vida, en tu familia, en tu casa. Escribe una nueva historia y de aquí en adelante: ¡No le digas a Jesús cuan grande es tu problema; dile a tu problema cuan grande es Jesús! Finalmente, has tuyas las palabras del profeta Isaías y empodérate para triunfar:

«Yo te escogí […] No tengas miedo, pues yo estoy contigo; no temas, pues yo soy tu Dios. Yo te doy fuerzas, yo te ayudo, yo te sostengo con mi mano victoriosa.»

—Isaías 41:9-10, DHH

CAPÍTULO [8]

CUANDO JESÚS VIENE A MI CASA HAY AVIVAMIENTO

(La historia de una pareja descorazonada)

Pero ellos le suplicaron: «Quédate con nosotros esta noche, ya que se está haciendo tarde». Entonces los acompañó a la casa. Al sentarse a comer, tomó el pan y lo bendijo. Luego lo partió y se lo dio a ellos. De pronto, se les abrieron los ojos y lo reconocieron.

—Lucas 24:29-31, NTV

TODOS EN ALGÚN MOMENTO hemos vivido situaciones de desilusión, desánimo o desesperanza. Las causas pueden ser múltiples, pero los síntomas son los mismos. Los pensamientos derrotistas se apoderan de nosotros y si no los contrarrestamos a tiempo, nos llevarán a tomar decisiones de las cuales podríamos arrepentirnos más adelante. Cuando estamos desanimados, perdemos la motivación para seguir adelante luchando por las cosas que valoramos. La montaña parece demasiado empinada, el valle demasiado oscuro, la batalla demasiado intensa, los desafíos demasiado grandes y perdemos el coraje para continuar. En medio de esto, nos debilitamos tanto emocional como espiritualmente, perdemos el interés por aquellas cosas que le dan sentido a nuestra vida y los sueños y las ilusiones se desvanecen como agua en las manos.

En esta vida, las cosas no siempre resultan como queremos o esperamos. Sin embargo, si tenemos la fe suficiente para creer que Jesús tiene el control sobre todas las cosas, podemos vivir confiados en que todo obrará para bien entendamos o no lo que estemos experimentando. Así lo entendió mi amigo Michael.

EL CUCHILLO DESAFILADO

Mi amigo Michael me contó que recientemente visitó un restaurante donde a través de una ventanilla se podía observar al carnicero haciendo unos cortes (fileteando) a las carnes para su debida preparación. Dado a que mi amigo también es propietario de un restaurante, sintió la curiosidad de acercarse a la ventana para ver y saludar al carnicero quien con gran destreza hacía su trabajo. «Hola, ¿cómo estás?» Le dijo Michael. El carnicero, al escucharle, aparta su mirada de la mesa y mirándole le comenta lo siguiente: «No hay nada más malo y difícil que un cuchillo desafilado. El esfuerzo se duplica y los cortes no quedan a la altura de lo que se espera». El hombre continuó: «Estoy a punto de desechar este cuchillo boto y reemplazarlo por otro más afilado».

Al escuchar las palabras del carnicero, mi amigo Michael inclinó su cabeza y se fue muy triste de aquel lugar. Durante algún tiempo, mi amigo había estado afanado con mucho trabajo y poco a poco se fue distanciando de la iglesia ya que, según él, no le sobraba tiempo para congregarse. Su tiempo de lectura de las Escrituras también se había visto significativamente afectado, así como su tiempo de oración. Al escuchar a aquel hombre, mi amigo comprendió que el cuchillo embotado era él y que el carnicero era Jesús. Se percató de cómo el Señor se esforzaba para que él entrara en razón y volviera a Su casa y a Su presencia. Mi amigo comprendió que su relación con Dios se había embotado y que, si no arreglaba sus asuntos con el Señor, terminaría siendo desechado como aquel cuchillo desafilado. Ese día, mi amigo le pidió perdón al Señor y comenzó nuevamente a servirle con alegría y entusiasmo.

Esta anécdota resume de manera sencilla lo que le ocurrió a la pareja de la que les quiero hablar en este capítulo. Por medio del evangelista Lucas, nos llega la historia de dos discípulos que regresaban caminando de Jerusalén a la aldea de Emaús donde residían (Ver Lucas 24:13-35). Por espacio de tres años habían sido parte del círculo amplio de discípulos de Jesús y testigos de los múltiples milagros y prodigios que Jesús hizo sobre todo en la zona de Galilea. Estos habían caminado de aldea en aldea con Jesús y vieron como la gloria de Dios se manifestaba continuamente frente a sus ojos y eso los motivaba a querer conquistar el mundo para Cristo. Les impartía esperanzas de ver la acción liberadora del Mesías del yugo al que los romanos habían sometido a su pueblo. Ahora, sin embargo, no sabían que camino seguir, cuál era el rumbo que debían tomar. Por eso, se retiran a su casa descorazonados al creer que ya no lo verían más, pues el pretorio romano acababa de asesinarlo en una cruenta cruz. Sin percatarse, esta pareja (tal vez esposos) abandonaron la esperanza de resurrección que Jesús les había infundido y su fe había perdido el filo como el cuchillo de aquel carnicero, porque pensaban que algo semejante era imposible e improbable que aconteciera.

Su desilusión afectó drásticamente todos los aspectos de sus vidas, incluyendo sus sentimientos, su capacidad de discernimiento y aun su aspecto físico, pues sus semblantes delataban la profunda tristeza en la que se encontraban. Solo el poder de la Palabra podría liberarlos de esos sentimientos derrotistas, como veremos más adelante.

OJOS QUE NO VEN, CORAZÓN QUE NO SIENTE

¿Recuerdas a Tomás, el discípulo que dijo que no creería que Jesús había resucitado hasta que no lo viera y tocara sus heridas? Así también hay muchas personas; no creerán hasta que no vean. Viven por vista y no por fe. Y mientras no vean, su corazón irá perdiendo la sensibilidad espiritual para entender los misterios de Dios y anhelar vivir sumergidos bajo las dulces aguas de la Gracia.

A la pareja de nuestra historia, también se les hacía difícil creer lo que algunas mujeres de su grupo le habían dicho respecto a la resurrección de Jesús anunciada por unos ángeles (Lucas 24:10). Así como el anuncio de la tumba vacía encontrada por Pedro y Juan. (Juan 20:1-10), pues creían que era una locura las palabras de ellos. Dudaban, porque no habían entendido lo dicho por los profetas y por Jesús mismo: de que era necesario que el Hijo del Hombre padeciera por mano de pecadores, fuese crucificado y resucitara al tercer día (Lucas 24:7). Creían que eso de la resurrección de los muertos era pura falacia, algo imposible de realizar.

Pues ahí tienen su respuesta, el Cristo resucitado se les acerca y camina con ellos mientras se dirigían a su casa descorazonados y ni siquiera se percataron de que era Jesús mismo el que les hablaba. Habían olvidado que Jesús, así como su Padre, no es hombre para mentir ni hijo de hombre para arrepentirse (Números 23:19). Que cuando Él dice que hará algo, prepárate que se ha de cumplir tal y como fue dicho. En Él no hay sombra de variación alguna (Santiago 1:17). Él no puede mentir. Dijo que resucitaría al tercer día (Marcos 8:31; Mateo 17:23; Lucas 9:22) y al tercer día se levantó de los muertos y ahora camina junto a sus hijos de todos los tiempos y generaciones incluyéndonos a nosotros hoy, incluso cuando estamos confundidos y faltos de dirección.

Nuestro estado de ánimo podrá cambiar, pero Dios no. Nuestra mente puede cambiar, pero Dios no. Nuestra devoción puede faltar, pero la de Dios nunca. Aun si nosotros somos infieles, Él permanece fiel (2 Timoteo 2:13). Él es un Dios seguro. Y debido a que Dios es seguro, podemos estar confiados, de que todo lo que Él te ha prometido se cumplirá. Tu sanidad viene de camino, dalo por hecho. La restauración de tu familia, la vas a ver, ya está sucediendo. Tus deudas serán consolidadas, de eso no hay duda. Y tú, serás como los primeros albores de la aurora: su esplendor va en aumento hasta que el día alcanza su plenitud (Proverbios 4:18 NVI). Y, ¡Dichoso tú por haber creído que han de cumplirse las cosas que el Señor te ha dicho! (Lucas 1:45 DHH).

EL PODER DE LA MENTE

«Sucedió que, mientras hablaban y discutían, Jesús mismo se acercó y comenzó a caminar con ellos; pero no lo reconocieron, pues sus ojos estaban velados» (vv. 15-16 NVI).

La escena nos deja una poderosa conclusión: las convicciones que gobiernan nuestra mente pueden convertirse en el mayor escollo a la hora de experimentar, en toda su plenitud, la vida que hemos sido llamados a vivir. La mente ejerce una increíble influencia sobre nuestra vida. Vemos y creemos lo que la mente nos permite ver y creer. Es por esto que tiene tanta importancia la transformación que viene por la renovación de nuestra mente (Romanos 12:2). Los dos que iban camino a Emaús son dignos representantes de multitudes de generaciones que no han reconocido las manifestaciones sobrenaturales del Señor, simplemente porque no caben dentro de las estructuras mentales que poseen.[37]

Así de poderoso es el efecto de nuestra mente. ¡Cuántas veces hemos permitido que nuestros pensamientos condicionen nuestro comportamiento! Nuestras emociones se acomodan a lo que pensamos. Pensamientos incorrectos generan emociones incorrectas y por consiguiente acciones incorrectas. Por eso, cuando las circunstancias controlan nuestra mente, bloquean nuestra fe al punto que perdemos la capacidad de interpretar acertadamente el movimiento del Espíritu en nuestro medio. Todo resulta confuso e insondable. Ante la falta de claridad podríamos pensar que Jesús nos ha abandonado a nuestra suerte, cuando en realidad Él nunca nos ha abandonado como lo prometió (Mateo 28:20). ¡Él camina a nuestro lado! Jesús no está desinformado sobre lo que acontece en nuestras vidas. Él es omnisciente. Tampoco es un extraño como pensaron estos caminantes. Jesús siempre ha estado y estará presente tanto en tus buenos momentos como en tiempos de dificultad. Tal vez, no lo has invitado a caminar contigo, pero como con estos discípulos del camino, Jesús se acercará a ti, con tiernas palabras platicará contigo, hasta que ascuas de fuego ardan en tu corazón y no anheles otra cosa, mas que rendirte ante sus pies para adorar Su santo y bendito nombre.

QUÉDATE CON NOSOTROS

«Llegaron a la aldea adonde iban, y él hizo como que iba más lejos. Mas ellos le obligaron a quedarse, diciendo: Quédate con nosotros […] Así que entró para quedarse con ellos» (vv. 28-29).

Me parece que el momento neurálgico de este relato se encuentra aquí, en la invitación que le hacen estos discípulos a Jesús para que se quede *en su casa* ante la proximidad de la noche. Él no ha pedido ser invitado ni tampoco un lugar donde quedarse. De hecho, actúa como si quisiera proseguir su viaje. Pero ellos insisten en que entre en la casa. Y Él acepta. Entra en la casa y se queda con ellos. Y al entrar, la casa vacía se convierte en lugar de acogida, en vez de lugar de lágrimas, dolor y tristeza.

Jesús nunca rechazará una invitación como esta, especialmente si él o los anfitriones están en aflicción de espíritu. Y tras su entrada, los discípulos comprenderán que cuando alguien a tu lado, abriendo tu corazón a la misteriosa verdad de que la muerte de tu amigo no ha sido solo un final, sino también, un nuevo comienzo, no una cruel broma del destino, sino el camino que hay que recorrer necesariamente para acceder a la libertad ni una horrenda y maldita destrucción, sino un sufrimiento que conduce a la gloria… entonces puedes discernir, poco a poco, una nueva canción que resuena en cada esquina de tu mundo interior y el ir a casa responde al más profundo deseo de tu corazón de que Jesús habite en él.[38]

El evangelista Juan lo describe así en Apocalipsis 3:20: «He aquí, yo estoy a la puerta y llamo; si alguno oye mi voz y abre la puerta, *entraré a él*, y cenaré con él, y él conmigo» (énfasis agregado, VRV60). Me gusta esta versión más que las otras, porque dice «entraré a él», en lugar de «entraré en su casa». Dando a entender, que el propósito principal de Jesús de venir a tu casa no es ver lo hermosa que es, lo majestuoso de tus enseres, o lo rico que confeccionas los alimentos. El propósito primordial de Jesús al venir a tu casa, es entrar en tu corazón, sanarlo y hacerlo su hogar. ¡No es esto maravilloso! ¡Jesús quiere entrar a la casa de tu corazón!

Observamos que aquí la invitación viene de parte de los discípulos. Más que ser hospitalarios, esta pareja necesitaba entender «por qué sus corazones ardían tanto mientras Jesús les hablaba». Hasta que no tuvieran una respuesta satisfactoria a esa pregunta ellos no estarían tranquilos. Por tanto, le dicen a Jesús, que hizo como que iba más lejos, «quédate con nosotros». Y lo lograron. Jesús se dejó persuadir. Y entró en la casa para quedarse con ellos esa noche y permita el Señor que también entre a la tuya mi querido amigo.

Una vez adentro de la casa, la pareja agasaja a su tan distinguido invitado ofreciéndole algunos alimentos. Encienden una lampara, sirven la mesa y para sorpresa de muestra mentalidad occidental, mas no para aquellos hebreos que ya estaban acostumbrados, Jesús se convierte en el anfitrión que preside la mesa. Entró a la casa como huésped, pero tomó el puesto en la mesa como Señor.

SENTADOS A LA MESA CON LA GRACIA

«Y mientras estaba reclinado a la mesa con ellos, tomó el pan, lo bendijo, lo partió y les dio. Entonces sus ojos les fueron abiertos al instante, y le reconocieron, pero él desapareció de su vista» (vv. 30-31).

Esta es la parte vivencial de la Escritura que ya Jesús había puesto en práctica a lo largo de su vida ministerial y que quiso simbolizar con el gesto del compartir la mesa; aquí junto con dos de sus discípulos, pero durante su vida la compartió con toda clase de hombres y mujeres. Hasta este momento, todavía los dos discípulos no habían reconocido a Jesús y continúan pensando que era un extranjero, un hombre buena gente y conversador al que querían agradar por haberles calmado un poco la tormenta interior que les abrumaba y que amenazaba con hundir su barca.

Esta comida es la primera que el evangelista Lucas narra luego de la resurrección de Jesús. No fue una comida formal, sino una normal, en una casa normal, en la que se partió con las manos una torta de un pan corriente, tal vez de cebada. Los caminantes no lo habían entendido, pero allí estaban los dos, reclinados a la mesa con *La Gracia*. ¡Sí! La Gracia es una persona. La Gracias es Jesús. Y está cenando con sus amables anfitriones antes de marcharse para encontrarse con los otros discípulos e impartirle la misma fuerza que a ellos, para que vayan por todo el mundo como testigos de Su resurrección y como proclamadores del Evangelio. Posteriormente Jesús ascendería al cielo para sentarse en Su trono al lado del Padre.

Una vez dispuesta la mesa, Jesús tomó el pan, dio gracias a Dios, lo partió y se lo dio a ellos. Entonces, antes de tomar el primer bocado, los dos discípulos pudieron reconocerlo, pero Jesús desapareció de su vista. ¿Cómo sucedió que al partir el pan ellos repentinamente le reconocieron? ¿Vieron las marcas de los clavos en sus manos? ¿Fue la manera en que partió el pan y se los dio lo que abrió sus ojos? ¿O fue la forma en que habló a su Padre lo que refrescó su memoria? Cualquiera sea la respuesta, lo cierto es que su cuerpo resucitado ahora poseía facultades que le permitían aparecer a voluntad y, como en este caso, desvanecerse cuando quisiera. Así que apenas alcanzaban a darse cuenta totalmente de lo que estaba sucediendo cuando él ya no estaba.[39]

Se ha hecho la sugerencia hermosa de que tal vez aquellos dos habían estado en la multiplicación de los panes y los peces y, cuando Jesús partió el pan en su casita, recordaron y reconocieron su gesto. Esto nos enseña que no es sólo en la mesa de la Comunión donde nos podemos encontrar con Jesús; también puede ser a la mesa en nuestro comedor.

AVIVADOS POR SU PRESENCIA

Estos caminantes habían abandonado Jerusalén, pero encontraron a Jesús al compartir la mesa en su casa. Sentarse a la mesa con *La Gracia* les dio una dimensión nueva que iba más allá del simple gesto de consumir unos alimentos; pues bien, eso es lo que ahora «abre» los ojos de esta pareja. Por eso, lo reconocen y ahora sí manifiestan lo que producía en ellos la explicación de la Escritura: el ardor, la fuerza de la gracia; necesitaban ver también el signo de la mesa/pan para ahora sí entenderlo todo y salir corriendo a contarlo a los demás.[40]

De esta forma, se alcanza así el objetivo fundamental del relato. Jesús se les había revelado como el resucitado de la muerte a la vida, haciéndolos testigos de su resurrección. Ahora se dan cuenta que el mensaje de las mujeres y el de algunos de los apóstoles (vv. 22ss), que no les parecía digno de crédito, no eran simples «alucinaciones», sino la verdad. La tumba vacía y la noticia de la resurrección eran una admirable y gozosa realidad.

Estos dos hombres habían sido vivificados por la presencia del Cristo resucitado y estaban tan llenos de gozo que necesitaban compartirlo con otros. ¿Han caminado ya once kilómetros? Entonces serían once kilómetros más. ¿Que era peligroso y oscuro? Esto ahora no importaba. Esta noticia era tan electrizante y alentadora que los demás discípulos debían conocerla. No al siguiente día sino *esa misma noche*. ¡Eso es avivamiento!

«Al instante se pusieron en camino y regresaron a Jerusalén» (v.33).

Cuando vemos la restauración provocada por la presencia del Resucitado en la vida de estos caminantes, y tomando en cuenta aspectos relacionados con la conducta humana de nuestro tiempo, pareciera que muchas veces resulta necesaria la distancia: separarse del lugar de la experiencia inmediata, tomar tiempo para revivir lo que ha pasado. Quien no sufra el choque del fracaso, quien no sienta tentación de escaparse no podrá entender el evangelio. El encontrarse perdido es fundamentalmente una condición espiritual y moral pues todo el mundo: ricos o pobres, enfermos o sanos, mujeres u hombres, viejos o jóvenes, proscritos sociales o pilares de la comunidad pueden perder el camino. Por lo tanto, nadie debiera sentirse inmune a tal situación de enajenamiento y perdición.[41] Esa decepción, ese intento de evadirse para recuperar la tranquilidad de un pasado sin cruz, constituye un elemento integral de la resurrección cristiana.

Por eso, al experimentar la presencia del Señor y la sanidad interior que esa presencia produce, estos caminantes antes desesperanzados, ahora recobran la vitalidad espiritual para levantarse y regresar al lugar de donde habían huido, al lugar donde todo comenzó.

Deben retornar a Jerusalén, para rehacer su pasado. No pueden esperar que amanezca porque el fuego (*ascuas*) de Dios arde en sus corazones y desean compartir con los otros discípulos el pan de vida del que ellos mismos han sido alimentados. De esta forma, emprenden su primer viaje misionero para anunciar las buenas nuevas de la resurrección de Cristo. Buenas Nuevas donde la pascua de Jesús viene a expresarse como don y tarea de todos los creyentes.[42]

Eran otros once kilómetros de vuelta a Jerusalén y ya de noche; pero no podían guardarse la Buena Noticia. La llama en sus corazones antes apagada, ha vuelto a encenderse y arde con más fuerza que nunca. Las dudas desaparecieron. El desánimo también. La desilusión se convirtió en agua pasada. Cabe preguntarnos: ¿quién podrá detener a un hombre o a una mujer con un corazón ardiendo por la llama del Espíritu Santo? ¿Qué podrá saciar el hambre de una persona que no sea haber tenido un encuentro cara a cara con el Cristo resucitado? La respuesta es: compartirlo. Que el mundo conozca y experimente la transformación que se recibe cuando invitamos a Jesús a nuestra casa.

¿Te das cuenta? El Evangelio no es nunca del todo nuestro hasta que lo hemos compartido con otros. Por eso, vivificados por la presencia de Jesús, debemos salir corriendo a contarles a otros el encuentro milagroso acaecido en nuestra casa, en nuestros corazones.

«Los dos, por su parte, contaron lo que les había sucedido en el camino, y cómo habían reconocido a Jesús cuando partió el pan» (v.35).

Cuando por fin llegaron a Jerusalén, encontraron a otros que habían tenido una experiencia parecida. La gloria de los cristianos es que viven en compañía de gente que ha tenido la misma experiencia. Se ha dicho que la verdadera amistad empieza cuando las personas comparten un recuerdo común y se pueden decir: «¿Te recuerdas?» Cada uno de nosotros los cristianos formamos parte de una comunidad de personas que comparten una experiencia y un recuerdo común de su Señor.[43]

Jesús quiere ser invitado. De lo contrario seguirá su camino. Jesús nunca nos impone su presencia. A no ser que le invitemos, Él seguirá siendo un atractivo e inteligente desconocido, pero un desconocido, al fin y al cabo. Incluso después de haber hecho desaparecer gran parte de nuestra tristeza y habernos mostrado que nuestras vidas no son tan insignificantes y miserables como suponíamos, Él puede seguir siendo aquel con quien nos encontremos en el camino y nos hable durante un rato, el personaje poco común del que podemos hablar a nuestra familia y a nuestros amigos.[44] Ellos, al igual que nosotros, también necesitan ser avivados por la presencia de Jesús en sus casas.

Finalmente, ¿qué nos enseña esta historia? Nos enseña que cuando invitamos a Jesús a nuestra casa, todo pensamiento derrotista, contrario al propósito de Dios, desaparece y la esperanza renace en el corazón de la familia. Invita a Jesús a tu casa. Siéntate a la mesa junto a La Gracia y permítele que te ayude a superar tus dudas, frustraciones y falta de fe.

No terminarás de orar aun cuando el poder del Espíritu de Dios entrará en ti, vivificará tu espíritu y tu alma, y tu corazón arderá de regocijo por la presencia de tu Amado Salvador, Jesús.

CAPÍTULO [9]

¡Y SI JESÚS NO LLEGA A TIEMPO!

(La historia de un padre desesperado)

> «*Señor, por favor* —*suplicó el funcionario*—, *ven ahora mismo [a mi casa], antes de que mi hijito se muera*». *Entonces Jesús le dijo:* —*Vuelve a tu casa. ¡Tu hijo vivirá! Y el hombre creyó lo que Jesús le dijo y emprendió el regreso a su casa.*
>
> —Juan 4:49-50, NTV

HASTA AQUÍ, HEMOS HABLADO sobre las bendiciones que trae consigo invitar a Jesús a nuestros hogares. De cómo su presencia nos imparte vida, perdón, aliento, regocijo, sanidad, salvación y muchas otras bendiciones cuando le invitamos a nuestra casa. Pero, ¿te has preguntado, qué harías, si en medio de una crisis personal, de una situación de vida o muerte en la familia clamas a Dios y lo único que escuchas es el sonido del silencio? ¿O, si en lugar de su presencia solo tienes una palabra que te ha sido dada: «no temas, solo confía», pero en su lugar, solo ves como la crisis aumenta más y más y la muerte parece tener la última palabra? Entonces, cavilas en tu mente: ¡Y si Jesús no llega a tiempo! ¿Qué voy a hacer? ¿Hasta cuándo debo esperar?

Permíteme contarte una historia de un hombre desesperado, que tenía un hijo a punto de morir que sé responderá a estas y todas las preguntas que podrían surcar por nuestra mente cuando estamos pasando por duras pruebas que, como seres humanos, nos llegan inadvertidamente en esta vida. ¿Me acompañas?

En Judea Jesús, había sido rechazado por sus compueblanos «los judíos» (Juan 2:13-22); muchos se habían acercado a él buscando milagros, pero él no confió en ellos (Juan 2:23-25). Esto, junto con el peligro que suponía la hostilidad de los fariseos (Juan 4:1), fueron los factores que provocaron que Jesús tuviese que abandonar Judea, la ciudad que le vio nacer. Teniendo en cuenta el relato joánico, los acontecimientos indican que Jesús llevaba razón al decir que «un profeta no es bien considerado en su propia patria» (Juan 4:44). Así que, decide trasladarse a Galilea.

La bienvenida que se le dio a Jesús al llegar a Galilea parece entusiasta, pero hay razones para la preocupación. Recordando la fiesta de la pascua que acababa de celebrarse en Jerusalén (ver Juan 2:13, 23-25), el evangelista nos dice que los galileos habían estado allí y habían visto los signos que Jesús hacía. Su acogida entusiasta se corresponde con la respuesta de aquellos que en Jerusalén «creyeron en su nombre al ver los signos que hacía» (Juan 2:23). Los galileos estuvieron en la misma fiesta y respondieron del mismo modo. Jesús no confiaba en estos creyentes entusiastas. Con este trasfondo, Jesús viene de nuevo a Caná de Galilea donde había realizado su primera señal; la de la transformación del agua en vino (Juan 2:1-12; 4:46a).

Con toda seguridad, miles de peregrinos que regresaban difundieron la noticia de los milagros de Jerusalén por toda Galilea y un funcionario real (gr. «basilikos») que tenía un alto rango en la corte del tetrarca Herodes Antipas, y del que desconocemos su nombre, lo oyó. No es de Caná, sino de la ciudad fronteriza de Capernaum (gr. *ciudad de consuelo*), que era famosa por la presencia de soldados gentiles (ver Lucas 7:1-10; par. Mateo 7:24-27). Pero su posición era lo menos importante en ese momento para este hombre, pues su hijo tenía una fiebre muy alta y se estaba muriendo.

El hijo era pequeño, solo un niñito (gr. «paidion») (Juan 4:49). Sin duda, el prominente aristócrata había convocado a los médicos más reconocidos de su época para que ayudaran a su niño. Pero hasta el momento, nadie había podido curarlo. El dinero no es todo poderoso. Ni el rango ni las riquezas pueden proteger a sus benefactores de la enfermedad o la muerte. Sin dudarlo, este consternado padre habría entregado ambos para devolverle la salud a su pequeño hijo.

Él vivía en Capernaum, un pueblo pesquero que servía como base de operaciones para Jesús. El apóstol Pedro y los hijos de Zebedeo: Juan y Jacobo tenían una casa allí. A Jesús lo conocían por hablar en la sinagoga de ese lugar. No es de dudar, que algún galileo le sugiriera a este apesadumbrado padre: «Pídele a Jesús nazareno que venga a tu casa y ayude a tu hijo. Él tiene poder sanador».

El noble aceptó el consejo, pero había un pequeño problema, Jesús estaba en Caná, y de Capernaum hasta Caná hay 30 kilómetros de distancia. ¡Pero qué es eso, para un padre desesperado, que ama su hijo más que a su propia vida! Así que, el oficial emprendió el viaje. Besó a su hijo febril en la frente, le hizo una promesa a su esposa ansiosa y luego partió hacia Caná con la esperanza de encontrarse a Jesús y presentarle su petición. Tenía una necesidad angustiosa, pero ni los convencionalismos ni el protocolo le impidieron acudir a Jesús con su necesidad. Esto demuestra que, frente a la crisis de un ser querido moribundo, hasta el más poderoso se humilla ante la posibilidad de una curación.

Su gesto causaría sensación, pero a él no le importaba el qué dirán con tal de obtener la ayuda que tanto necesitaba. Si queremos de veras la ayuda que Jesús nos puede dar, tenemos que ser lo suficientemente humildes para tragarnos nuestro orgullo y no tener en cuenta lo que diga la gente.

Un viaje como este requeriría entre siete y diez horas caminando, así que, debía salir muy temprano, antes de que rayara el alba para poder llegar a su destino antes del ocaso del día (v.52). Para cuando vio a Jesús en Caná, el oficial sin duda estaba cansado y preocupado. Pero eso no fue obstáculo para que se le acercara y le rogara pidiéndole que descendiera con él hasta su casa en Capernaum. No durante la noche. No al otro día, sino en ese mismo instante. ¿Acaso, no hacemos nosotros lo mismo? Siempre que vamos al Padre con una petición queremos que nos responda inmediatamente y sin demora. Nunca decimos: «Señor, tengo una situación de vida o muerte. Si quieres, ven mañana o la semana que viene y ayúdame con este asunto». ¡Queremos una respuesta de inmediato!

El desesperado padre sabe que la muerte del muchacho es inminente, de ahí la urgencia de su petición. Piensa que la salvación del «chiquillo» depende de la presencia física de Jesús y de la realización de un prodigio. Por eso, su insistencia de que Jesús le acompañara.

Este hombre, quien ejercía una gran autoridad en la casa del gobernador, da muestra de que su posición de autoridad no le servía de nada ante la precaria condición de su hijo. Por eso, se humilla y con toda seguridad, se postra delante de Jesús quien representa la única autoridad con el poder necesario para concederle el milagro que necesita y por el que ha venido de tan lejos. Vemos, en fin, que, aunque la fe de este hombre no era tan grande como la del centurión romano, gentil de Lucas 7:1-10, tampoco era tan pequeña como la del padre del endemoniado de Marcos 9:24.

Interesantemente, el hombre no solo pidió ayuda, sino que también le dijo a Jesús la manera en que la ayuda debía aplicarse. «Ven a Capernaum y sana a mi hijo». Como era un oficial de alto rango, estaba acostumbrado a dar órdenes. Les decía a sus subordinados qué hacer y cómo hacerlo. ¿Estaba haciendo lo mismo con Jesús? Es probable. Sin embargo, no se observa que haya hecho mención de su posición, rango o título como para coaccionarlo. Tampoco prometió contribuir económicamente a la causa de Cristo para ganarse su simpatía. Como tampoco insinuó que merecía ayuda divina y que por tanto Jesús estaría obligado a responderle. Simplemente, fue donde Jesús e hizo lo que cualquier padre desesperado en una situación similar hubiese hecho. Por eso, le ruega con tanta insistencia que le acompañe hasta donde está su hijo y le sanara.[45] No solo tenía una petición; también tenía un plan de acción como Naamán el Sirio cuando fue hasta el profeta Eliseo para que lo sanara de su lepra [...] En su mente, caminarían juntos, uno al lado del otro, de Caná a Capernaum, hasta pararse junto al niño moribundo, le impondría las manos y el niño sanaría.

La respuesta de Jesús nos sorprende y hasta podría consternarnos «¿Acaso nunca van a creer en mí a menos que vean señales milagrosas y maravillas?» (Juan 4:48 NTV).

A la luz de esto, la reacción reservada de Jesús parece incomprensible. Parece como si Jesús no tuviera ojos para la necesidad muy humana de este hombre: un niño moribundo.

La realidad es que la reacción de Jesús responde a que, hasta este momento, nadie en Israel había llegado a la fe en Cristo. La única excepción fueron los habitantes de Samaria (Juan 4:1-42). La gente no estaba interesada en la salvación de sus almas; su único interés era un sensacional deseo de milagros. Y eso fue precisamente lo que Jesús quiso dejar en claro. Y, para esto, no solo se dirige al funcionario, sino a todos los curiosos que meramente querían ver otro milagro. «Ustedes (plural) no creen, si no ven señales y milagros».

Jesús estaba buscando una creencia más sólida en Él, no sólo como obrador de milagros sino como el «Salvador del mundo». Así que, enderezó la realidad que había sido distorsionada por el dolor del hombre. Ser o no ser es la pregunta. La fe es más importante que la vida en la tierra. La fe tiene que ser auténtica.

Sin embargo, nos sorprende también la reacción del funcionario, quien, a pesar de ser un oficial de alto rango, no discute la diagnosis de Jesús ni procura defenderse. Sencillamente, acepta el reproche de Jesús y actuó con humildad, al tiempo que impaciente, pero respetuosamente, ruega al

Señor que se dé prisa a bajar a Capernaum antes de que se muera el hijo, pues el tiempo apremiaba y él estaba desesperado (v.49).

Si aquel hombre se hubiera dado la vuelta presumido y airado, si hubiera sido demasiado orgulloso para escuchar la advertencia, si hubiera cedido al desaliento a la primera, Jesús se habría dado cuenta de que su fe no era auténtica.

Al parecer, durante el camino a Caná o al hablar con Jesús se activó en él un hálito de esperanza, un rayo de fe que lo llevaba a seguir insistiendo y creyendo en Jesús como la única posibilidad de vida para su hijo.

Sin esperarlo, el noble tenía la fe suficiente para recibir su milagro. No era como muchos otros judíos que buscaban señales a la ligera. Por eso, se queda y sigue con su plegaria. Tampoco se ofendió por las duras palabras de Jesús. Y, tal como la Sirofenicia (ver Marcos 7:24-30) su corazón y su mente estaban ocupados en una sola cosa: la sanidad de su hijo. Por eso, con su corazón rebosante de emoción y su rostro empapado en lágrimas, sigue suplicando por su niño.

ENTRE LA RESPUESTA Y EL MILAGRO

El padre esperaba que Jesús fuera con él, camino de unos 30 km, pensando que su presencia sería necesaria para la curación, sin embargo, en la agenda de Jesús no estaba viajar a Capernaum en ese momento y no había necesidad de que lo hiciera. Él comunica vida con su palabra, que, siendo palabra creadora (Juan 1:3), no está circunscrita a un lugar, sino que puede llegar y llega a todo lugar. Da vida al enfermo directamente, sin exigir condición alguna.[46]

Simplemente dijo: «Ve, tu hijo vive» (Juan 4:50). Jesús no habla de curación, sino de vida. Se insinúa con esto que la vida que Él ha comunicado al enfermo no es una mera restitución de la salud ni una continuidad de la vida recibida de su padre biológico, sino una nueva y definitiva vida en Cristo. Nótese con qué facilidad llevó a cabo Cristo el milagro. Simplemente afirmó lo que su voluntad divina ha determinado que suceda.

Jesús dice al funcionario que se ponga en camino y vea la realidad de lo sucedido. Con su invitación, nuevamente lo pone a prueba, para ver si renuncia a su deseo de señales espectaculares. Si el hombre acepta la invitación de Jesús, verá que su hijo ha salido de su situación de muerte.

El noble podría haber insistido en que Jesús tenía que estar presente en su casa para curar a su hijo. Después de todo, ¿no es así cómo se hace? Aunque la respuesta de Jesús fue inesperada para él, el funcionario decidió creer en vez de dudar o cuestionar tal encomienda, por lo que, se puso en camino.

También pudo haber renegado. Pudo cuestionar el amor de Jesús por no querer caminar con él hasta su casa. Pudo haberse lamentado durante todo el tiempo que tuvo que esperar para ver su oración contestada y, hasta embriagarse hasta caer al suelo por la nostalgia. Pudo haberse quejado por el tiempo que dejó de estar con su hijo moribundo para llegar hasta donde estaba Jesús. Y, hasta haber buscado ayuda en otro lugar o con personas que estuvieran dispuestas a acompañarle a su casa, sin importar la procedencia religiosa o los métodos que utilizaran con tal de que su hijo fuese sanado. Pero lo grandioso de todo es que no hizo nada de eso. El padre respondió al desafío de su fe, confió en la palabra de Jesús y se fue a casa.

Aunque no era fácil emprender el camino de vuelta a casa sin llevarse más que la palabra de Jesús de que su hijo se iba a poner bien, este padre decidió confiar y esperar en Dios. Y esa precisamente es la clave en todo asunto. Esperar confiadamente en que la palabra dada por el Señor se ha de cumplir, no necesariamente según nuestras expectativas, sino según su santa y perfecta voluntad. Según su *kairós* (tiempo de Dios) que es perfecto y no según nuestro *kronos* (tiempo del hombre) que es limitado y nos impide ver la mano de Dios obrar en medio de nuestros procesos. Ese es el verdadero desafío. Esperar mientras ocurre el milagro y permitir que Dios haga lo mejor que sabe hacer: reconstruir nuestros corazones rotos y devolvernos la vida.

El hombre no llegó a casa ese día, pero esa noche se fue a descansar confiado. Más tarde comprendería que si Jesús dice algo, no es que a lo mejor es verdad; ¡es que tiene que ser verdad!

Por el momento, había creído lo que Jesús le dijo: a pesar de ello, su fe todavía no era *fe que salva* sino solo certeza de que Jesús era auténtico (v.53).

LA BUENA NOTICIA

A la mañana siguiente, cuando iba ya bajando se encontró con sus siervos, quienes, al ver la súbita mejoría del niño, no tuvieron paciencia para aguardar la llegada del padre, sino que le salieron corriendo a su encuentro en el camino para darle la mejor noticia que jamás haya recibido en toda su vida: «tu chico vive» (v.51).

Caná estaba en la zona montañosa, Capernaum en la orilla del lago; el hombre va bajando la cuesta, va poniéndose al nivel del enfermo. Los siervos (gr. «douloi»), que no habían escuchado las palabras de Jesús, utilizan, sin embargo, su misma expresión: *vive*. La diferencia está en que para ellos el que vive es «tu chico», mientras que para Jesús era «tu hijo». Cuando el noble preguntó a qué hora se había recuperado, respondieron: «Ayer, a la una de la tarde, ¡la fiebre de pronto se fue!» (Juan 4:52). El noble se dio cuenta de que era la hora exacta en que Jesús había dicho: «tu hijo vive». Así que creyó: esto es ahora *fe absoluta*, que le daba valor a su fe sin haber visto anteriormente. Ahora «conoce y reconoce» la autoridad salvífica de aquella palabra y su fe en aquella palabra de Jesús no solo produce un milagro, sino también conocimiento (v.53). Los de su casa (gr. *oikos*) han confirmado la fe del funcionario, pero al hacerlo han descubierto la fe de ellos mismos.[47]

La referencia a que creyó «el padre con toda su casa» (v.53), es una confirmación de que el mensaje del evangelio del Reino tiene repercusiones individuales y afecta positivamente a toda la familia. Ese es el caso de Cornelio (Hechos 10:44-48), Lidia (Hechos 16:15), el carcelero de Filipo (Hechos 16:31-34), Crespo (Hechos 18:8) y Estéfanas (1 Corintios 1:16). La bendición de un miembro de una familia que abraza la fe de Cristo tiene implicaciones colectivas, la sanidad física de un hijo tiene repercusiones inmediatas en toda la familia.[48]

El día anterior, el hombre «creyó la palabra» de Jesús; ahora, creyó en la persona de Jesús. Queda demostrado que el milagro más importante en la vida de este hombre no fue la sanidad de su hijo, sino la salvación de su alma y la de toda su familia. Este hombre salió en busca de un milagro y encontró a Cristo. Salió al encuentro de algo visible y se encontró con El Invisible. ¡Ese es el verdadero milagro!

Cristo tiene muchos medios de ganarse el corazón de un ser humano y, muchas veces, mediante la concesión de un beneficio *temporal*, se abre el camino hacia *mejores* gracias. Como todos los de la casa de este funcionario real tenían interés en la recuperación del joven, toda su casa creyó también con él.

Al ser un hombre de alta nobleza, es de suponer que tuviese muchos criados; por lo que pudo llevar a Cristo muchos discípulos. ¡Qué cambio, tan lleno de grandes bendiciones, se produjo en aquella casa, precisamente a consecuencia de la enfermedad de un miembro de la familia! Esto nos debería enseñar a no tener por adversidad las aflicciones, pues no sabemos el bien que Dios puede sacar de ellas.[49] Tenemos un Dios poderoso que oye nuestras peticiones y que puede obrar Sus propósitos en y desde cualquier parte del mundo y en cualquier momento. Así que, cuando sienta que *Jesús no llega a tiempo*, confía, pues el milagro viene de camino. ¿Crees esto?

CAPÍTULO [10]

JESÚS VEN A MI CASA

(Tu historia y la mía)

Por tres meses permaneció el arca del Señor en la casa de Obed-edom geteo; y bendijo el Señor a Obed-edom y a toda su casa.

—2 Samuel 6:11, LBLA

HASTA AQUÍ, LES HE HABLADO de cada una de los hogares que Jesús visitó durante su ministerio terrenal. Y de lo que ocurría en cada una de esas casas una vez Jesús estaba dentro de ellas. De cómo eran transformadas y bendecidas por la presencia del Maestro de Galilea y el gozo que les impartía su única presencia. En este último capítulo, sin embargo, no les hablaré sobre otra de las casas en las que Jesús estuvo presente según han sido narradas en los evangelios, sino de la nuestra, de la tuya y la mía. De cuán necesario es para las presentes generaciones que Jesús venga a sus casas y las transforme.

No hablaré de experiencias pasadas, sino de las que hasta el presente nos han hecho comprender que, si Jesús no estuviera en nuestros hogares, entiéndase con nuestra familia y en nuestra sociedad, sin duda alguna estaríamos viviendo el peor de los avatares que generación alguna pudiera vivir.

En estos últimos días, tanto nosotros, los que sobrepasamos los cincuenta años, como las generaciones emergentes, hemos vivido experiencias que jamás en nuestra imaginación pensamos que tendríamos que afrontar. Sunamis, tornados, terremotos, huracanes y en los últimos años hasta hoy, una pandemia provocada por un virus llamado «Coronavirus», que le ha arrebatado la vida a más de treinta millones de seres humanos, dentro de los cuales se encuentran algunos de nuestros familiares y hermanos de la fe. Y si a esto le añadimos los males sociales, donde la familia tal como ha sido constituida por el Señor ha sido atacada por todos los francos, nos daríamos cuenta de que la presencia de Jesús en nuestras casas no es una opción más dentro de un marco conceptual, sino una necesidad intrínseca para la supervivencia de la familia tal como la conocemos.

Es por esta y otras razones, que mientras escribía este último capítulo, sentí el ardiente deseo de visitar a algunos de mis correligionarios para dialogar con ellos sobre estos y otros asuntos de importancia y especialmente sobre el tema que tratamos en este libro. Pastores y líderes de Iglesia, de gran testimonio en la comunidad. Gente con grandes dotes, talentosos, temerosos de Dios y prósperos en el evangelio de la gracia, que lideran grandes congragaciones.

Para sorpresa de cada uno de ellos, luego de saludarles y dialogar un rato, les solicitaba que si me permitían hacerle algunas preguntas relacionadas al tema de este libro: *Jesús ven a mi casa*. Tras gustosamente aceptar mi petición, nos sentamos a dialogar y mientras conversábamos les hacía las preguntas. La primera, *¿Crees que Jesús vive en tu casa y qué significa eso para ti?* Ante esta pregunta todos respondían con espontaneidad y entusiasmo: «!Por supuesto que Jesús vive en mi casa!» dijeron todos sin titubear ni un solo instante. «Él es mi Padre y yo soy su hijo. Esta casa es suya y todo lo que soy y lo que he alcanzado hasta el día de hoy, ha sido gracias a Él. Jesús significa todo para mí y para mi familia. Jesús es mi vida, mi todo… Todo lo que tengo y lo que soy se lo debo a Él…», estas fueron algunas de sus respuestas.

La segunda pregunta que les hice a mis queridos compañeros indagaba un poco más profundo en las aguas de la reflexión que la anterior. *¿Has pensado qué sería de tu vida si Jesús no viviera en tu casa?* Ante esta sorpresiva pregunta, todos a una hicieron una breve pausa para buscar en su fuero interno una respuesta adecuada. «No puedo imaginarme lo que sería de mi vida y de mi familia si Jesús no viviera en mi casa. Hemos vivido momentos gloriosos, pero también momentos muy duros, y ha sido ahí cuando más lo hemos necesitado. Momentos en los que casi pierdo la vida, la familia, el ministerio, la salud e incluso hemos tenido que enfrentar la pérdida de nuestro hijo a causa de un accidente automovilístico cuando apenas cumplía los 25 años.[50] Hemos sufrido la pérdida de miembros de nuestra familia y de la congregación por causa del cáncer y por el COVID 19…

Si Jesús no viviera en mi casa, sería una nave sin rumbo, un árbol sin frutos, un pez fuera del agua, un ave sin alas, un molino sin viento… ¡No me imagino una vida sin Jesús! Preferiría morir antes que vivir a expensas, fuera de la compañía de mi querido Papá…» Tras pronunciar estas palabras y otras igual de hermosas, todos se emocionaban y con lágrimas en sus ojos adoraban al Señor: «¡Santo eres Señor! ¡Mi alma te alaba Jesús! ¡Te amo Señor! ¡Gracias Dios por tu presencia!» y más.

La tercera y última pregunta que les hice fue la más impactante de todas y también la más inesperada. *¿Crees que mereces que Jesús viva en tu casa?* Tras esta pregunta, pude apreciar cómo sus semblantes se transformaban y cómo la voz se les entrecortaba mientras respondían con la mayor sinceridad posible. (Claro está, como pastor no puedo escribir aquí todas sus confesiones pues son muy personales, pero sí lo puedo hacer con algunas de ellas). Todos a una entendieron que no merecen que Jesús viva en su casa. Afirmaban que tanto la salvación como la presencia de Dios en sus vidas eran producto de *La Gracia de Dios* y no por obras de justicia que hubiesen hecho.

Más de uno trajo a la memoria su vieja vida y el lugar de dónde Dios los había rescatado. De cuánto sufrimiento habían experimentado por vivir a espaldas del Amado. Además, del rechazo, amenazas y abandono sufrido por causa de sus acciones pecaminosas. «¡No lo merezco!» decían, pero creo que seremos salvos por Su gracia, por el sacrificio de Cristo en la cruz como lo dice el apóstol Pablo en Colosenses 1:10, 14:

«Vivan de acuerdo con lo que el Señor quiere, y él estará contento con ustedes porque harán toda clase de cosas buenas y sabrán más cómo es Dios […] Dios nos rescató de la oscuridad en que vivíamos, y nos llevó al reino de su amado Hijo, quien por su muerte nos salvó y perdonó nuestros pecados» (TLA).

En Efesios 2:8-9:

«Porque por gracia sois salvos por medio de la fe; y esto no de vosotros, pues es don de Dios; no por obras, para que nadie se gloríe» (VRV60).

En Hechos 16:31:

«Cree en el Señor Jesús, y serás salvo tu y {toda} tu casa» (VRV60).

Y, en Romanos 5:1-2:

«Justificados, pues, por la fe, tenemos paz para con Dios por medio de nuestro Señor Jesucristo; por quien también tenemos entrada por la fe a esta gracia en la cual estamos firmes, y nos gloriamos en la esperanza de la gloria de Dios» (VRV60).

«Esto Pastor», decían; es lo que nos da esperanza y confianza, de que, aunque no lo merezcamos, Jesús nunca nos dejará ni nos desamparará como lo ha prometido (ver Deuteronomio 31:8; Salmo 94:14; Hebreos 13:5). Jesús vive y seguirá viviendo en mi casa hasta el día de mi mudanza al cielo. Él lo prometió y Él siempre cumple lo que promete. ¡Aleluya!»

«En la casa de mi Padre muchas moradas hay; si así no fuera, yo os lo hubiera dicho; voy, pues, a preparar lugar para vosotros. Y si me fuere y os preparare lugar, vendré otra vez, y os tomaré a mí mismo, para que donde yo estoy, vosotros también estéis» (Juan 14:2-3 VRV60).

Tras finalizar la charla con mis queridos amigos, llegué a la misma conclusión que el profeta Ezequiel: «no hay en la tierra nadie tan justo que siempre haga el bien y nunca peque» (Ezequiel 7:20). Que todos, cristianos y no cristianos, pasamos por situaciones difíciles, pruebas y vicisitudes y que, sin excepción alguna, necesitamos que Jesús venga a nuestra casa y habite en ella, no por un periodo de tiempo, sino para siempre. Que no importa cuánto conozcamos del Señor y de Su Palabra o lo alto que hayamos sido posicionados en Su Reino, siempre necesitaremos de Su presencia y de Su guía. Que, irrefutablemente, Dios no ha terminado con ninguno de los que vivimos debajo del cosmos. Que todavía estamos siendo formados en la mesa del Alfarero Divino y esto, mi querido hermano/a, en vez de desanimarnos debe alentarnos al conocer que Dios sabe lo que hace y que al final del día sacará lo mejor de nosotros para nuestra propia bendición y la de nuestra familia.

DIOS NO HA TERMINADO CONTIGO

Dios sigue trabajando en ti. Si Dios hubiera terminado contigo ya estarías muerto. Y si estás leyendo este libro es porque estas vivo y con un ardiente deseo de conocer más de Él. Dios no ha concluido su proyecto maestro ni su propósito en ti, pero sigue trabajando en ello hasta completar Su proyecto salvífico (Salmo 138:8). Es un ahora porque ese propósito se va cumpliendo en nosotros conforme vamos progresando en la fe de Cristo; pero, también, es un no todavía, porque proseguimos hacia adelante para asir aquello que Dios ha destinado para nosotros en esta vida y en la venidera, la vida eterna.

Por eso, cada día es importante, necesario e indispensable para que fortalezcamos nuestra relación con Dios, con la familia de la fe, con nuestra familia consanguínea, con nuestros amigos, así como con todas las personas que nos rodean. Sé que es un desafío y hasta arriesgado dejar que Jesús entre a tu casa; a la casa de tu corazón. ¿Por qué?, te preguntarás. Antes de ofrecerte mi respuesta, permíteme contarte la historia de Anna.

EL CUARTO DE LOS REGUEROS

Anna era una mujer muy afable que visitaba la iglesia donde yo asistía desde mi juventud. Un día fui a visitarla sin previo aviso y cuando toqué a la puerta me contesta con asombro y un tanto desesperada. «¡Voy! ¡Un momento!» gritó Anna. Mientras esperaba tras la puerta, escuchaba como Anna recogía la casa y acomodaba los muebles. Pasaron unos cinco minutos cuando al fin abrió la puerta y con su acostumbrada sonrisa y un afectuoso abrazo me invitó a entrar. Tuvimos un dialogo ameno y muy edificante. Luego de unos treinta minutos aproximadamente, Anna quiso mostrarme su casa. La sala con muebles victorianos inmaculados, la cocina con gabinetes en caoba rústica, acogedora, los dormitorios muy bien organizados y el olor a rosas que se esparcía por toda la casa, muy rico. Minutos después de haberme mostrado su casa oramos y antes de salir me percato de que hay una habitación que Anna no me había mostrado por lo que le pregunté: «¿Anna, y esa puerta cerrada a dónde conduce?» Al instante observé que Anna se sonrojó y la noté un poco nerviosa. «¡Oh pastor! Ese es el cuarto de los regueros. Ahí nadie entra. En ese lugar guardo todo lo que no quiero que la gente vea. Me daría vergüenza que vieras como está de regado».

A esto me refería cuando te decía que es un desafío y hasta peligroso dejar que Jesús entre a tu casa, a la casa donde vives, a la casa de tu corazón. Sin embargo, ahí precisamente es donde reside el verdadero reto, cuando le permitimos a Jesús que entre y vea lo que tenemos dentro. Sin duda alguna, Jesús verá todo lo que exponemos, pero también lo que escondemos y lo que no nos gustaría que viera y eso podría aterrorizarnos. Pensar siquiera que Jesús descubra lo que tenemos dentro de nuestros cuartos de regueros y de nuestros sótanos oscuros. Allí donde ocultamos aquellas cosas que no queremos que nadie conozca como: el rencor, las adicciones, las tentaciones, nuestras debilidades, los problemas familiares, los problemas de identidad, los problemas financieros, los problemas matrimoniales y más.

DIOS CONOCE TODO SOBRE TI

Esas cosas nos hacen vulnerables y nuestra vulnerabilidad no es algo que nos gustaría que otros conocieran. Sin embargo, contrario a los hombres, *Dios conoce todo sobre nosotros*. Él es omnisciente. No hay nada oculto que Su luz y majestad no pueda alumbrar. Y esto, en vez de atormentarte, debería alentarte, porque a pesar de las cosas que escondes en tu cuarto de regueros y que Él ya conoce, te sigue amando como la niña de sus ojos.

Permíteme explicártelo mejor con la siguiente ilustración. Vivimos en tiempos donde la tecnología se ha hecho indispensable para la supervivencia. El internet y las redes sociales ha abierto la puerta para que las personas que tienen acceso a este «mundo» publiquen lo que deseen. Cada día millones de personas se conectan a «la red» para recibir o publicar alguna información. Algo con lo que podemos encontrarnos son los famosos «reviews» o comentarios críticos sobre películas, artículos, lugares, alimentos, centros de servicio, hospederías, entre otros. Por ejemplo, hay quienes antes de comprar un artículo o ir a un lugar, buscan primeramente los comentarios críticos que otras personas que adquirieron el artículo o visitaron el lugar publican en la página del proveedor del servicio y en las redes sociales. Según sean esos comentarios de los seguidores, se le asigna al producto de una a cinco estrellas para que el nuevo consumidor conozca de antemano, cómo la gente ha catalogado dicho servicio o producto y así poder tener su propia impresión. Sucede, en ocasiones, que hemos visitado los lugares porque los comentarios en línea eran excelentes, pero cuando llegamos y vemos el lugar, la experiencia ha sido decepcionante. A veces, como también ocurre con muchos hogares, ni las fotografías publicadas en las promociones se asimilan a la realidad del lugar o del artículo.

Mi esposa y yo vivimos esta experiencia en nuestras últimas vacaciones de verano. Originalmente pensábamos viajar a España o al Estado de California, pero el Señor nos cambió los planes. En lugar de ir a uno de estos hermosos destinos, nos comisionó ir al estado de Alabama, Estados Unidos a visitar a un amigo Pastor y a su familia, con los que hacía mucho tiempo no compartía, porque al parecer necesitaban urgentemente de nuestra compañía. En obediencia al Señor, mi esposa Norma, mi hija Génesis y yo comenzamos a revisar cuidadosamente la selección de un hotel de cuatro y cinco estrellas donde habríamos de hospedarnos una vez llegáramos a nuestro destino. Las fotos de los apartamentos eran bellísimas, las críticas de las personas eran positivas y favorables, así que, persuadidos por esto, procedimos a reservar nuestra estadía de siete días y seis noches en este «formidable hotel».

¡Todo era expectativa! Llegamos al aeropuerto y de ahí, directo a nuestra hospedería. Esa noche llovía fuertemente por lo que tuve que dejar a mi esposa y a mi hija frente al hotel para que no se mojaran y, para que hicieran el «check in» o se registraran. Como el estacionamiento estaba distante y la lluvia no cesaba, procedí a salir corriendo hacia donde había dejado a mi familia por lo que ya sabes lo empapado que llegué a la recepción. Al llegar, busqué con la mirada a mi esposa quien también me estaba mirando, y al verla, supe de inmediato que algo no estaba bien. Sus ojos lo decían todo. Y, como la conozco muy bien, supe de inmediato su decepción y preocupación al ver las pésimas condiciones en las que se encontraba la sala de recibimiento del hotel. Con ternura, me le acerqué y le dije: «Mi amor, tranquila. Vamos para la habitación, seguramente es tan hermosa como en la foto». Me confieso. Le dije esto a mi esposa para tratar de calmarla, aunque sinceramente yo también sentía lo mismo.

Así que, tomamos nuestro equipaje, subimos al elevador hasta el piso tres y caminamos por un largo pasillo hasta nuestra habitación. Todo era expectativa mezclada con algo de terror. Al entrar, nos percatamos de que la habitación distaba mucho de lo que habíamos visto en las fotos promocionales y de las opiniones de la gente. El olor a humedad era fuertísimo, la pintura y los utensilios del baño estaban deteriorados, las sábanas estaban curtidas y para colmo de males, el aire acondicionado apenas funcionaba. Créanme cuando les digo, que en ese momento tuve que sujetar a mi esposa con tal de que termináramos la noche en ese lugar antes de salir en medio de la noche y la lluvia por un lugar que no conocíamos y arriesgar nuestras vidas en el intento de conseguir otro hotel más limpio y ordenado.

Al clarear el día, mi esposa, mi hija y yo salimos de aquel lugar más rápido que los españoles en la fiesta de San Fermín, quienes, tras soltar una manada de feroces toros corren despavoridos huyendo por sus vidas ante una inminente y mortal corneada de uno de estas inmensas y peligrosas bestias. Este hotel tenía un gran y reconocido nombre, pero no estaba a la altura de lo que se esperaba y de lo que nos habían hecho creer.

¿Y, qué de ti? ¿Eres lo que dices ser, o lo que la gente piensa de ti? O, al igual que Anna, tienes en tu casa un cuarto oculto lleno de regueros. Un lugar por el que por mucho tiempo has estado evitando que alguien lo descubra y conozca tu vulnerabilidad.

Frente a esta indeleble realidad humana, donde todos, sin excepciones en algún momento de nuestras vidas hemos guardado nuestros regueros en un cuarto oculto, necesitamos abrirle la puerta a Dios para que entre y nos ayude a limpiarlo y perfumarlo con el perfume de Su presencia. Y, de esta forma, no volver a avergonzarnos cuando se descubra lo que verdaderamente somos por dentro.

A Dios nadie lo puede impresionar, como nos impresionó aquel hotel a mi familia y a mí. ¡Nada! Ni los lujos ni nuestra inteligencia ni los diplomas que cuelgan en las paredes de nuestra oficina ni nuestro próspero negocio ni siquiera nuestra religiosidad, talentos o dotes ministeriales. Eso se creía aquel fariseo cuando al orar se enaltecía y hablaba de todos sus recursos y virtudes en vez de humillarse y reconocer su necesidad de Dios como lo hizo el publicano, que ni siquiera se atrevía alzar la vista ni acercarse al altar porque se sentía indigno y sucio por los pecados que había cometido. Pero se equivocó malamente, porque Dios no mira lo que mira el hombre, Dios mira el corazón y aquel hombre religioso que ante los ojos de la gente tenía apariencia de piedad y parecía ser un hombre sensible al amor de Dios, por dentro estaba corroído y lleno de orgullo (ver Lucas 18:9-14). Finalmente, el publicano fue justificado delante de Dios, no así el fariseo.

Dios conoce todo sobre ti y sobre mí. Nada pasa desapercibido ante los ojos del Altísimo y lo maravilloso de todo es que, a pesar de nuestro bagaje, Jesús nunca nos ha desamparado y nos sigue amando como nadie en este planeta lo hará jamás.

LA PRESENCIA DE JESÚS EN MI CASA TRAE BENDICIÓN

En el segundo libro del profeta Samuel capítulo seis se encuentra una hermosa historia sobre lo que ocurre en nuestras casas cuando invitamos a Dios a entrar en ella. El pueblo de Israel había caído en desgracia por haber desobedecido al Señor. Tras vencerles en la guerra, los filisteos se habían apoderado del arca del pacto que para los israelitas era símbolo de la presencia de Dios. En esa arca se guardaban las dos tablas de los diez mandamientos dadas a Moisés, una vasija con una porción del maná que el pueblo comió mientras caminaban por el desierto camino a Canaán y la vara de Aaron que reverdeció.

Tiempo después, los filisteos, tras haber experimentado varias plagas por tener en su poder el arca, decidieron devolverla y ésta se mantuvo por varios años en los predios de la tierra de Israel, aunque no en Jerusalén como ocurriría más adelante bajo el reinado de David.

La tarea no fue sencilla, puesto que antes de que el arca llegara a tierra de Israel, durante el trayecto de regreso a casa, en un área del escalpado camino de la era de Quidón, el arca estuvo a punto de caerse del carruaje en que la llevaban y un joven llamado Uza que era uno de los que conducía el carruaje, extendió su brazo para sostenerla y al tocarla cayó muerto al suelo.

Al ver lo sucedido, el temor invadió el corazón del rey y desistió de la idea de llevar el arca a Jerusalén en ese momento. Cerca del lugar, vivía un granjero de la aldea de Gat llamado Obed Edom y David decidió dejar el arca en la casa de este humilde hombre. Así que bajan el arca del carruaje tirado por bueyes en que la traían y la ponen en su casa.

Con la llegada del arca, la historia de esta familia cambió por completo. Los niños le preguntan a Obed: «¿Y qué es eso papá?» Y mientras la contemplaba con exaltado asombro les responde: «Es la presencia de Dios». Por tres meses estuvo el arca en la casa de Obed Edom y mientras la presencia de Dios estuvo en su casa, no hubo enfermedad ni muerte y tampoco nadie moría por tocarla. Durante el tiempo que Obed Edom tuvo el arca en su casa, Dios lo bendijo a él, a toda su familia y a todas sus cosas (1 Crónicas 13:14).

¿Qué tenía Obed Edom que ni aun el rey David tenía? ¿Cómo lo que mata allá, destruye por allí, fulmina acá, trae plagas a los filisteos cuando la tuvieron en su poder bendice a un granjero? ¿Que tenía este pobre hombre que ni aun su rey tenía? ¿Qué se supone que este granjero sabe que los demás no? El secreto está en que este humilde hombre no quería la presencia de Dios para obtener poder. No la quería para tener influencia entre los hombres. Ni tampoco para que le prosperara económicamente. Él solo se conformaba con que la presencia de Dios estuviera en su casa y que su familia fuese bendecida por esa gloriosa presencia. Las demás presunciones no eran importantes para él.

Aunque no sabía con exactitud lo que la presencia de Dios podría provocar en su vida y en la de su familia, Obed decide honrarla dándole un techo, una habitación. David, que es un hombre inteligente, no tardaría mucho en darse cuenta qué es lo que la presencia de Dios estaba buscando. ¿Sabes lo que la presencia de Dios buscaba? Un hogar. Una casa. Un techo. Un hogar para estar. Un lugar donde se le honre todos los días y se le obedezca diligentemente, cuidando de cumplir todos sus mandamientos.

Esa casa no tiene que ser perfecta. Tampoco una mansión, un palacio o un castillo. Jesús no se fija en eso. Él solo quiere un corazón para vivir. Un corazón que quiera ser vivificado y enriquecido por Su presencia. Uno donde sea bienvenido, se le honre y se le reconozca como el Señor de su vida. Uno donde puedan verle como su *Abba*, su Papá y sentir las tiernas caricias del Amado que te dice como el Padre le dijo a Él cuando oraba en el huerto: «tú eres su hijo/a en quien tengo complacencia» (Mateo 17:5).

Los filisteos les arrebataron el arca a los israelitas, pero la presencia de Jesús en tu vida y en tu casa nada ni nadie te la podrá arrebatar. El profeta Isaías conocía esta gran verdad. Por eso, inspirado por el Espíritu dijo: «No temas, porque yo estoy contigo; no desmayes, porque yo soy tu Dios que te esfuerzo; siempre te ayudaré, siempre te sustentaré con la diestra de mi justicia» (Isaías 41:10). Salomón lo entendió muy bien, por eso expresa: «Descubrirás que mi bendición es la que enriquece, y no añade tristeza» (Proverbios 10:22). El profeta Ezequiel también lo vivió, por eso profetiza: «Haré descender lluvias a su tiempo; serán lluvias de bendición» (Ezequiel 34:26). Moisés, el gran paladín de Dios, lo experimentó en carne propia, por lo que exhorta a su pueblo a obedecer a Dios para que les fuera bien en la tierra que el Señor les daría. Y al hacerlo, les obsequia una de las palabras proféticas de bendición más hermosas de toda la Biblia:

«Y todas estas bendiciones vendrán sobre ti y te alcanzarán, si obedeces al SEÑOR tu Dios: Bendito *serás* en la ciudad, y bendito *serás* en el campo. Bendito el fruto de tu vientre, el producto de tu suelo, el fruto de tu ganado, el aumento de tus vacas y las crías de tus ovejas. Benditas *serán* tu canasta y tu artesa. Bendito *serás* cuando entres, y bendito *serás* cuando salgas. El SEÑOR hará que los enemigos que se levanten contra ti sean derrotados delante de ti; saldrán contra ti por un camino y huirán delante de ti por siete caminos. El SEÑOR mandará que la bendición sea contigo en tus graneros y en todo aquello en que pongas tu mano, y te bendecirá en la tierra que el SEÑOR tu Dios te da (Deuteronomio 28:2-8 LBLA).

No tienes por qué sentirte indigno. Todos necesitamos esa presencia en nuestras casas. Espero que hayas comprendido lo que desde la introducción de este libro he tratado de mostrarte. Que cuando Jesús viene a tu casa, el pasado queda en el pasado. Los enfermos son sanados. Lo que esté muerto será resucitado. Habrá regocijo. Tu fe se acrecentará. Su presencia te llevará a adorarle. Habrá fiesta. Serás vivificado. Y si no llega a tiempo, tranquilo, tu milagro viene de camino.

Roberto Thalles, uno de los cantautores más reconocidos de este tiempo, experimentó la presencia de la que te hablo. Cuando más indigno se sentía. Cuando más bajo había caído. Cuando había perdido toda esperanza de una mejor vida; Jesús lo visitó. Él le abrió la puerta de su corazón y, desde entonces, ya no fueron dos sino uno. A Roberto le ocurrió lo mismo que al carcelero de Filipos. Creyó en el Señor y fue salvo con toda su casa. Hoy Roberto es uno de los directores musicales de una de las iglesias más prominentes de los Estados Unidos, La Iglesia de Lakewood en Texas que pastorea el Pastor y también cantautor Danilo Montero. Dios lo volvió a hacer y lo seguirá haciendo en la vida de todos los que le inviten a su casa.

En agradecimiento, tras su experiencia con Jesús, Roberto Thalles le obsequió al Señor una de las alabanzas más sublimes, hermosas y sinceras que jamás haya escuchado, titulada: «Espacio Vacío». Por medio de esta alabanza invita a Jesús a su casa, la casa de su corazón. He aquí la letra:

THALLES ROBERTO
ESPACIO VACÍO

Hay un lugar en mi casa si quieres venir.
Solo no mires el desorden de mi corazón.
Hace rato que también no vivo más en mí.
Entonces vi que tocabas la puerta y quise abrir.

No hay ninguno como Tú, necesito de alguien
Porque es tan grande el vacío de mi corazón.
Ven a vivir, ven y cambia lo que quieras.
Ven a hacer lo que nadie hizo por mí.
Traiga todo lo que es tuyo, hay lugar.
Que yo sea Dios tu casa, tu altar.

CORO
// Yo quiero ser tu hijo, tu amigo, la casa es tuya.
Puedes entrar, abro la puerta para recibirte.
Y cada espacio vació puedes llenar,
pues lo que tienes es mejor,
yo quiero ser amigo tuyo,
yo quiero ser tu hogar. //
Vive en mí. ¡Oh vive en mi Padre!

No quiero cerrar este capítulo sin antes hacer una oración por ti y por toda tu familia. Creo que vienen para tu vida tiempos de refrigerio. Días en los que alcanzarás ver todo lo que Dios ha determinado para tu vida. Por favor ora conmigo:

«Señor Jesús, te ruego que visites a todos y todas las personas que lean este libro. Que sus casas sean transformadas en hogares. En refugios de fe, esperanza y amor. Y sus corazones en tu lugar de reposo. Derrama de tu buen Espíritu en ellos. Impárteles paz y prospéralos en todos sus caminos según prospera su alma. Gracias por la vida. Por las experiencias buenas y también las malas. Por nuestros aciertos y desaciertos. Por favor, llena los espacios vacíos de nuestros corazones e ilumina con tu luz nuestros cuartos oscuros. Quédate con nosotros, nuestra casa es tuya... ¡Bendícelos, Señor! Te lo pido todo en el nombre de Jesús. Amén.»

NOTAS

INTRODUCCIÓN

[1] Maritza Rosas, *Reflexiones desde la pandemia* (San Juan: Ed. Oikos, 2021), 93.
[2] Ibid.
[3] Ibid.
[4] Benjamín Bravo Pérez, et all., *Para comprender la iglesia de casa* (Estella: Verbo Divino, 2010), 19.

CAPÍTULO 1: CUANDO JESÚS VIENE A MI CASA HAY REGOCIJO

[5] Stoger Alois, *El evangelio según Lucas Tomo I* (Barcelona: Herder, 1979), 35.

CAPÍTULO 2: CUANDO JESÚS VIENE A MI CASA EL PASADO QUEDA EN EL PASADO

[6] William Barclay, *Comentario al evangelio de Lucas* (Barcelona: CLIE, 1997), 130.

CAPÍTULO 3: CUANDO JESÚS VIENE A MI CASA HAY FIESTA

[7] Los tejados de las casas de la gente sencilla, en Israel, estaban construidos con tablones de madera, colocados sobre muros de adobe o piedra; los tablones se cubrían con cañas, con

planchas de ramas entrelazadas y varios centímetros de barro. Cf. J.A. Fitzmyer, *The Gospel According Luke I*, 582.

[8] Nuestro personaje tenía dos nombres, como era práctica común, en tiempos de Jesús (ej. Simón = Pedro; Saulo = Pablo). En Marcos y Lucas se llama Leví, que parece ser su nombre de familia. En sus listas de los doce apóstoles, sin embargo, Marcos y Lucas le dan el nombre de Mateo, el cual parece ser el nombre por el cual era conocido como discípulo.

[9] A.T. Robertson, *Comentario al texto griego del NT* (Barcelona: CLIE, 2003), 26.

[10] William Barclay, *Comentario al Nuevo Testamento: Mateo* (Barcelona: CLIE, 1995), 72-73.

[11] Roberto Jamieson, A. R. Fausset & David Brown, *Comentario Exegético de la Biblia Tomo ll* (Texas: Casa Bautista de Publicaciones, 2002), 49.

[12] William McDonald, *Comentario bíblico William McDonald: Mateo* (Barcelona: CLIE, 2004), 124.

CAPÍTULO 4: CUANDO JESÚS VIENE A MI CASA MI FE SE ACRECIENTA

[13] Francisco Lacueva, *Comentario bíblico Matthew Henry* (Barcelona: CLIE, 1999), 1216.

[14] Ibid.

[15] Christopher Shaw, *Encuentros diarios con el Dios de la palabra* (Illinois: Tyndale House, 2017), 140.

[16] Xabier Pikaza, *Para vivir el evangelio: Lectura de Marcos* (Estella: Verbo Divino, 1997), 46.

[17] Ibid., 47.

[18] Warren Carter, *Mateo y los márgenes: Una lectura sociopolítica y religiosa* (Estella: Verbo Divino, 2007), 330.

[17] William Hendriksen, *El evangelio según Lucas* (Grand Rapids: Libros Desafío, 2002), 223.

CAPÍTULO 5: CUANDO JESÚS VIENE A MI CASA SU PRESENCIA ME LLEVA A ADORARLE

[20] Alfonso Ropero, *Gran diccionario enciclopédico de la Biblia* (Barcelona: CLIE, 2015), 1623.

[21] John MacArthur, *Comentario MacArthur del Nuevo Testamento: Lucas* (Grand Rapids: Portavoz, 2016), 627.

[22] Aquí me remito a la cita que hace Pérez Millos de Lenski. R. C. H. *Evangelio según San Lucas*. (México: Publicaciones el Escudo, 1963), 534.

[23] Samuel Pérez Millos, *Comentario exegético al griego del Nuevo Testamento: Lucas* (Barcelona: CLIE, 2017), 1293.

[24] Darrel L. Bock, *Lucas: Del texto bíblico a una aplicación contemporánea* (Florida: Vida, 2011), 281.

[25] Abraham Kuyper, *Mujeres del Nuevo Testamento* (Barcelona: CLIE, 1983), 33.

[26] Samuel Pérez Millos, *Op. cit*, 1297.

[27] John MacArthur, *Comentario MacArthur del Nuevo Testamento: Mateo* (Grand Rapids: Portavoz, 2017), 883.

[28] Ibid.

CAPÍTULO 6: CUANDO JESÚS VIENE A MI CASA HAY SANIDAD

[29] Joachim Gnilka, *El evangelio según san Marcos* (Salamanca: Sígueme, 1999), 82.

[30] William Barclay, *Comentario al Nuevo Testamento: Mateo*, 163.

[31] John MacArthur, *Comentario MacArthur del Nuevo Testamento: Marcos* (Grand Rapids: Portavoz, 2015), 68.
[30] Xavier Pikaza, *Op. cit*, 42.

CAPÍTULO 7: CUANDO JESÚS VIENE A MI CASA LO QUE ESTÉ MUERTO RESUCITA

[33] David E. Garland, *Marcos: Del texto bíblico a una aplicación contemporánea* (Florida: Vida, 2014), 266.
[34] Ibid.
[35] Joel Marcus, *El evangelio según Marcos* (Salamanca: Sígueme, 2010), 427.
[36] Aquí, me remito a la cita que hace J. Marcus de C.D. Marshall, *Faith as a Theme in Mark's Narrative*, 99.

CAPÍTULO 8: CUANDO JESÚS VIENE A MI CASA HAY AVIVAMIENTO

[37] Christopher Shaw, *Op. cit*, 251.
[38] Henri Nouwen, *Con el corazón en ascuas* (Santander: Sal Terrae, 1996), 59.
[39] William Hendriksen, *El evangelio según San Lucas* (Grand Rapids: Libros Desafío, 2002), 725.
[40] Luis Alfonso Schökel, *Comentario en la Biblia del peregrino* (Bilbao: Ediciones Mensajero, 2009), 2012.
[41] David White C., *Jesús y los de abajo según Lucas* (México: CUPSA, 1990), 77.
[42] Víctor A. Vázquez, *Sentados a la mesa con Jesús* (San Juan: Ed. Oikos, 2023), 145.
[43] William Barclay, Comentario al evangelio de Lucas, 150.
[44] Henry Nouwen, *Op. cit*, 60.

CAPÍTULO 9: ¡Y SI JESÚS NO LLEGA A TIEMPO!

[45] Max Lucado, *Nunca estás solo* (Nashville, Tennessee: Grupo Nelson, 2020), 28.

[46] Juan Mateos & Juan Barreto, *El evangelio de Juan: Análisis lingüístico y cometario exegético* (Madrid: Cristiandad, 1982), 260.

[47] Francis J. Moloney, *El evangelio de Juan* (Navarra: Verbo Divino, 2005), 153.

[48] Samuel Pagán, *Los milagros de Jesús* (Barcelona: CLIE, 2021), 89.

[49] Francisco Lacueva, *Op. cit*, 1425.

CAPÍTULO 10: JESÚS VIENE A MI CASA

[50] Esta tragedia la vivieron dos de los pastores entrevistados. Ambos perdieron a uno de sus hijos en accidentes automovilísticos el mismo año. Uno de estos jóvenes era pastor al igual que su padre.

Made in the USA
Columbia, SC
16 January 2024